Esta coleção da revista Jacobin traz reflexões e indagações críticas sobre política, economia e cultura sob uma perspectiva socialista, como guia para uma prática política radical. Os livros oferecem uma análise engajada com a história e com as ideias da esquerda de um modo mais acessível.

Esta coleção é uma parceria entre a editora Autonomia Literária, Verso Books e a revista Jacobin, publicada no Brasil semestralmente em formato impresso e digital.

Outros títulos da coleção:

República popular da Amazon: como as maiores empresas do mundo usam as bases do socialismo, de Leigh Phillips e Michal Rozworski

Quatro futuros: a vida após o capitalismo, de Peter Frase

Construindo a comuna: democracia radical na Venezuela, de George Ciccariello-Maher

Melissa Gira Grant

Dando uma de puta

A luta de classes das profissionais do sexo

Traduzido por Lisa Santana

2021

Autonomia Literária

AUTONOMIA LITERÁRIA

Este livro foi publicado originalmente sob o nome de *Playing the Whore: The Work of Sex Work*, pela Verso Books, em 2014.

Coordenação editorial:
Cauê Seigner Ameni
Hugo Albuquerque
Manuela Beloni
Tradução: Lisa Santana
Revisão técnica e preparação: Taina Góis
Revisão de provas: Lígia Magalhães Marinho
Diagramação: Manuela Beloni
Capa: Verso Books

Dados Internacionais de Catalogação na Publicação (CIP)
(eDOC BRASIL, Belo Horizonte/MG)

G762d

Grant, Melissa Gira.
Dando uma de puta: a luta de classes das profissionais do sexo / Melissa Gira Grant; tradução Lisa Santana. – São Paulo, SP: Autonomia Literária, 2021.
176 p. : 13 x 19 cm

Título original: Playng the whore: The Work of Sex Work
ISBN 978-65-87233-42-0

1. Prostituição – Aspectos sociais. 2. Indústria sexual. 3.Profissionais do sexo. I. Santana, Lisa. II. Título.
CDD 363.44

Elaborado por Maurício Amormino Júnior – CRB6/2422

Autonomia Literária
Rua Conselheiro Ramalho, 945 CEP: 01325-001São Paulo - SP
autonomialiteraria.com.br

Sumário

Prefácio à edição brasileira

Por Ana Paula da Silva[1]

Em uma tarde de domingo, em uma fria e chuvosa manhã em Providence (Estados Unidos), estávamos à procura de um *brunch* para animar nossas almas cortadas pelo vento gelado e a chuva fina. Esse era um típico domingo de outono na América do Norte, e eu estava na cidade para participar de uma conferência na Brown University sobre migrações, racismo, prostituição e tráfico humano. Naquela manhã, queríamos apenas beber *bloody mary* e mimosas para esquecermos do frio. Entramos no primeiro restaurante que nos apareceu.

A garçonete, ao notar que falávamos português (uma língua desconhecida para ela), perguntou de onde éramos, e contamos nossa origem e o que estávamos fazendo na cidade. Quando soube do tema da nossa conferência, a senhora – que aparentava ter mais ou menos 65 anos – mostrou-se interessadíssima no assunto. Ela nos mostrou suas pulseiras compradas do Nepal, confeccionadas, segundo ela, por meninas e mulheres "resgatadas" do tráfico naquele país. Educadamente, mordemos a língua e a escutamos desfiar um rosário

---

[1] Ana Paula da Silva é professora adjunta da Universidade Federal Fluminense (UFF) no Programa de Pós-graduação em Justiça e Segurança (PPGJS/UFF).

sobre como a prostituição explora e maltrata as mulheres. Ela relatava sua felicidade em "ajudar" essas pobres resgatadas, que agora faziam pulseirinhas de contas vagabundas para vender a senhoras brancas estadunidenses, garçonetes de *diner*, assalariadas. Pacientemente, indicamos que essa não era nossa linha de estudos e que, na verdade, criticamos duramente o que Laura Augustin (autora referenciada neste livro) chama de a "indústria do resgate".

Nesse momento, a garçonete – nada contente com nossos argumentos – resolveu chamar o dono do restaurante: um pastor evangélico que se orgulhava de seu trabalho missionário de "salvação" das mulheres asiáticas. Travou-se uma longa discussão, onde ele se empenhou em nos convencer do sofrimento e degradação pelos quais essas mulheres passavam em suas trajetórias de vida perdidas. O que mais me impressionou dessa conversa foi quando o pastor afirmou que o sofrimento e a violência que as prostitutas resgatadas muitas vezes sofrem nas mãos da polícia serviam como um instrumento de disciplinamento para que essas mulheres entendessem que a vida que levavam não compensava. Nas palavras do pastor, "era preciso sofrer antes de querer mudar" e, portanto, tais violências perpetradas pelas forças de segurança seriam exemplares, preparando o caminho para o trabalho de resgate missionário que as induziriam a deixar sua vida de depravação e exploração.

Já sabíamos que a grande mídia e a mídia social retratam o Nepal como um país significante no cenário global de exploração e tráfico de pessoas, e que esse tema tem mobilizado esforços nacionais e internacionais, com investimentos de bilhões de dólares no combate a esse mal. Obviamente, nossos cidadãos de bem estadunidenses se informam por essas mídias. Dados os pânicos morais em torno da temática do tráfico, acham justas suas ações: o pastor ir à Ásia em missões de resgate, a senhora comprar as pulseiras produzidas pelas nepalesas "resgatadas". Mesmo que essas sejam violentadas, espancadas, e surradas pelas polícias locais no decorrer do assim chamado "resgate". Essas violências por parte dos agentes do Estado não importam e certamente não são vistas como violações. Pelo contrário: eram entendidas como corretivos necessários no caminho dessas mulheres à salvação.

A experiência que vivemos, descrita acima, não seria novidade para Melissa Gira Grant, a autora do livro *Dando uma de puta,* que agora está em suas mãos, uma brilhante publicação que finalmente chega ao Brasil. Em sua obra, Gira Grant problematiza como a prostituição tem sido tratada, ao longo das décadas e ainda hoje, como assunto de polícia. Ninguém em sã consciência é a favor da exploração ou do tráfico de pessoas. No entanto, as políticas antitráfico não têm prevenido a exploração, e muito menos têm melhorado as condições de trabalho e vida das prostitutas. De fato, aumentaram consideravelmente a vigilância, o controle e a repressão contra quem exerce o trabalho sexual.

De certa forma, pode-se dizer que, na busca da resolução do problema da prostituição, o Estado, seus agentes de segurança, de bem-estar social e seus aliados na sociedade civil (como certas feministas radicais e nosso amigo pastor e missionário de Rhode Island) têm piorado os problemas das prostitutas. Este é o ponto de partida e fim do livro de Gira Grant: pensar como se desencadeiam a violência e a brutalidade contra prostitutas com o intuito de salvá-las da comercialização do sexo, como esse discurso retroalimenta o estigma da prostituição e como isso, por sua vez, justifica a normatização da violência contra as pessoas que vendem sexo.

Vamos olhar a situação da prostituição nos Estados Unidos, país de publicação original do livro de Melissa Gira Grant e lar dos cidadãos bem-intencionados que encontramos em Providence. A atividade de vender sexo é completamente ilegal em quase todos os estados estadunidenses. Isso quer dizer que, legalmente, não só terceiros que se valem do trabalho da prostituta são presos pela polícia, mas também as prostitutas e seus clientes. O "modelo americano" está entre os mais restritivos e punitivos do mundo em relação ao mercado do sexo. Conhecido como o "modelo proibicionista", é responsável por levar milhares de pessoas para o sistema prisional todos os anos.

No entanto, contraditoriamente, os Estados Unidos são o país que mais consome pornografia, além de não ser difícil contratar serviços sexuais em quase qualquer lugar do país. Além de clubes de *strip*, existem muitas modalidades de prostituição, e pode-se dizer que o país é o maior mercado consumidor de serviços sexuais do Ocidente. Ouvimos muito falar que a "solução para a prostituição" pode ser encontrada na criminalização do consumidor – o assim chamado "Modelo Sueco". No entanto, a experiência dos States – onde o consumidor é criminalizado há mais de um século – deve nos alertar ao fato de que o proibicionismo (de drogas, álcool ou da venda do sexo) não funciona. No caso do mercado do sexo, o problema obviamente não está no consumo: o problema é que as (os) trabalhadoras(es) prestam seus serviços na clandestinidade e, por isso, em maior precariedade. A criminalização da prostituição, seja na venda, seja na compra de sexo, produz um clima de medo para quem trabalha nesse mercado, e nunca – nem na Suécia – resulta numa diminuição significativa do mercado sexual.[2] As leis estadunidenses (significativamente reforçadas desde o início do século, e particularmente com o Projeto de Lei FOSTA-SESTA do governo Trump) apenas coloca na mira do *law enforcement* grupos já muito marginalizados na sociedade estadunidense por outros marcadores sociais, como cor e raça, lugar de origem e orientação sexual.

O leitor mais informado poderia respirar aliviado, pensando que isso não acontece no Brasil, pois a prostituição não é considerada crime por nosso Código Penal, certo?

Errado.

No caso brasileiro, o modelo adotado frente à prostituição é (e foi) o abolicionismo. Em nosso caso, as prostitutas não são consideradas criminosas de forma direta. Nossas leis, porém, criminalizam aqueles que se valem da renda da exploração sexual de outrem: supostamente o famoso "cafetão", mas, na realidade, qualquer um que se relaciona com pessoas que vendem sexo, inclusive membros de suas famílias, os donos dos apartamentos que as prostitutas alugam, seus colegas de casa e quarto, os donos dos bares onde bebem e etc. Cafetão

---

2 Muitas proibicionistas citam, erroneamente, o caso sueco como instância em que as leis direcionadas contra os consumidores têm diminuído a procura por serviços sexuais. No entanto, nem mesmo os relatórios oficiais do governo sueco indicam isso, apontando apenas para uma diminuição temporária da prostituição de rua em três cidades como efeito do "Modelo Sueco".

e exploração sexual – note-se bem – não são termos definidos em nenhum lugar da jurisprudência brasileira, sendo abertos às mais diversas interpretações jurídicas.

Também são consideradas ilegais as casas de prostituição no Brasil – e, no entanto, existem mais de duzentas dessas só na cidade do Rio de Janeiro, quase todas com participação de parceiros policiais ou de oficiais eleitos, além da famosa milícia. O "Modelo Brasileiro" previne que as prostitutas sejam presas ou sofram violência policial? Não. Nossas leis são propositalmente dúbias e não deixam muito claro como separar a prostituta daquele que supostamente a explora. Quase sempre as prostitutas, quando presas, são acusadas de serem "cafetinas" ou de "manterem prostíbulos". Isso quando a polícia não se vale do estigma da profissão e imputa outros crimes à prostituta, como indução de menores ou tráfico de drogas.

Ou seja, os dois modelos aqui expostos, o estadunidense e o brasileiro, respectivamente proibicionista e abolicionista, não previnem que prostitutas sofram constrangimentos e violência policial. Costumo afirmar que nos Estados Unidos existe um proibicionismo regulamentado, pois, apesar de ser crime, a indústria do sexo funciona e fatura alto, enquanto, no Brasil, existe um aboliconismo proibicionista, onde, mesmo com certa tolerância legal em torno do mercado do sexo, a prostituição continua sendo tratada como caso de polícia e a violência policial é cotidianamente direcionada contra as profissionais do sexo.

A leitora mais curiosa, ou o leitor, pode se perguntar, "mas por que é que a prostituição é sempre tratada como se fosse um caso de polícia?". Gira Grant traz muitas respostas a essa e outras perguntas. A autora de *Dando uma de puta* é uma ex-

-trabalhadora sexual, e publicou seu livro em 2014. A obra logo se tornou um sucesso, porque leva a sério as razões e questões sobre a prostituição. Note-se: neste campo, parece que estamos sempre falando de mulheres, e a autora debate essa questão de forma magistral. Apesar da indústria de sexo empregar muitos homens, quase sempre o estigma recai unicamente sobre as mulheres cis, mulheres trans e travestis que exercem a profissão.

Ao longo das páginas a seguir, Gira Grant destrincha o emaranhado de significados e preconceitos que servem para justificar a violência do Estado contra essas mulheres, mostrando que ela é muito maior e mais traumática do que as agressões que os clientes perpetram sobre as prostitutas. A construção do estigma de que nenhuma mulher sensata deveria escolher essa profissão e, portanto, aquelas que a escolhem devem ser loucas ou perversas, alimenta a violência com que a sociedade trata as prostitutas. Melissa descreve um caso emblemático em que um psicopata assassino de mulheres, ao ser preso, declarou que resolveu escolher prostitutas justamente porque ninguém daria a mínima para essas pessoas. Justificou que estava fazendo um trabalho que a própria sociedade devia agradecer, pois matava e sumia com a escória.

Melissa também nos convida a pensar sobre como todas as mulheres estão, em maior ou menor grau, sujeitas em algum momento de suas vidas a serem entendidas como putas: basta uma mulher ultrapassar a fronteira daquilo que a sociedade considera moralmente aceitável. Podem ser coisas simples: discordar de um homem, morar sozinha e receber amigos masculinos, até mesmo exercer cargos públicos ou tentar ser presidente da República – tudo isso é digno de puta. O estigma da puta é o marcador que regula a moral feminina e, segundo a autora, nós, mulheres, deveríamos parar de nos preocupar com sermos chamadas de putas e ressignificar criticamente o que representa essa palavra em termos de controle social.

Concordo plenamente.

Gira Grant ainda nos conta, de forma contundente, como a "Indústria do Resgate" é uma das responsáveis por perpetrar mais violência e estigma à vida dessas trabalhadoras. Aliás, o estigma dificulta até mesmo a saída dessas mulheres da prostituição: são permanentemente marcadas por um passado que as assombra. A autora conta um caso de uma prostituta que arrumou emprego de professora, mas foi obrigada a se demitir porque descobriram que ela vendia trabalho sexual.

Os salvacionistas frequentemente acabam dando argumentos para que as forças de segurança e a sociedade civil utilizem estratégias de repressão e controle contra as prostitutas. Criam discursos que normalizam a violência ao repetir *slogans* que associam prostituição a estupro pago ou que afirmam que essas mulheres vendem seus corpos. Dessa forma, os abolicionistas da indústria de resgate passam o recado de que, se uma prostituta é estuprada ou agredida, faz parte de seu trabalho. Ajudam a eliminar, então, a ideia de consentimento que deve residir na base de qualquer transação sexual, inclusive nas comerciais. Colocando as mulheres que vendem sexo como meros objetos passivos e passíveis a toda sorte de violência, os abolicionistas muitas vezes acabam adotando o ponto de vista daquele tipo de homem que as prostitutas distinguem de cliente e chamam de psicopata.

Melissa Gira Grant reforça que prostitutas não vendem corpos, mas cobram pelo seu tempo ao vender muitas coisas, inclusive o sexo. Nesse sentido, a autora amplia o espectro do que seja o trabalho sexual, suas muitas subdivisões e opções, onde as trabalhadoras, de acordo com seu grau de exposição e consentimento, policiam as fronteiras daquilo que estão dispostas a compartilhar, com ou sem a troca de dinheiro.

Dando uma de puta faz pensar, no sentido que fará você, leitora ou leitor, encarar a prostituição de forma diferente. Esta publicação é um grande manifesto para que as prostitutas tenham reconhecido o que hoje chamamos de "lugar de fala". É um grito para que essas mulheres, constantemente invisibilizadas e silenciadas, possam contar suas próprias experiências e dilemas e expor suas demandas. Para que possam, elas mesmas, formular políticas de melhorias para sua profissão, como qualquer outro trabalhador. Essas mulheres não desejam mais que falem em nome delas sem sua participação.

Querida leitora ou leitor, deixem as prostitutas falarem. Escutem. Apenas escutem, com mente aberta e empatia, o que essas pessoas têm a dizer sobre suas vidas e suas condições de trabalho. Esse livro não glamouriza a prostituição, mas faz compreender que prostituição é um trabalho.

O que Melissa demonstra em sua publicação nada tem a ver com felicidade ou empoderamento. Trabalho é trabalho e é, por definição, uma relação de dominação. Todavia, assim como qualquer outra forma de trabalho, precisa oferecer condições dignas para suas trabalhadoras, e essas só podem ser conquistadas com a completa descriminalização da venda do sexo. Essa é a proposta deste livro, que chega em boa hora ao Brasil, neste momento político de rápidas mudanças na legislação trabalhista e de precarização das formas de trabalho.

Archange ou putain
Je veux bien
Tous les roles
me sont prêtés...

Arcanjo ou prostituta
Eu quero bem
Todas as funções
são emprestados a mim...

Colette Peignot (Laure)

Le Sacre

Capítulo I – A polícia

"Uma loira bonita entra em um quarto de hotel em Fargo, seguida por um homem de bigode e jaqueta de couro preta. Ele pergunta o que a trouxe à cidade". A loira, de *jeans* de cós baixo, está prestes a se sentar. Dá para ver seu ombro e a parte de trás da cabeça.

Em outro quarto, um homem observa uma mulher de cabelo comprido e escuro. Ela está sentada na sua frente, enrolada em um roupão ou uma camiseta. É difícil ver por conta do brilho do abajur ao lado da cama. Ele se levanta e tira seu calção. Ele pergunta se vai poder ver ela. Ela baixa alguns centímetros o roupão ou camiseta dos ombros, então pede licença para ir se lavar.

"Você ficará satisfeito", diz uma terceira mulher. "É o meu trabalho".

Sempre tem uma televisão passando algum filme de faroeste, ou um filme antigo de Hollywood com homens dançando e usando sobretudos e fraques. Diante da tela plana, duas mulheres são algemadas. Ele ordena que se sentem para que sejam interrogadas.

Ao tomar os punhos de uma das mulheres, o homem com um uniforme policial diz: "Vamos trancar essas algemas, só para que não fiquem muito apertadas". Ela pergunta: "Posso perguntar o que fiz de errado?".

"Não vou mentir", escreve um comentador em um dos vídeos, "... Eu bati uma vendo isso".

Apesar de parecer o começo de uma pornografia amadora, esses vídeos não serão encontrados no YouPorn, Pornhub ou Redtube. Eles são postados no JohnTV.com, que se gaba por ter "mais de sessenta milhões de visualizações". O JohnTV é um projeto de "videovigilantes" criado por Brian Bates, que tem, desde 1996, rastreado mulheres que ele suspeita que sejam "prostitutas" ou "putas" e feito vídeos delas com homens que ele diz serem seus clientes.

Os *posts* da JohnTV são organizados em categorias: Prisões, Operações e Perfis de Cafetão. Esses começam com um retrato falado – geralmente de um homem negro – seguido pelo nome e acusações criminais contra ele. Bates diz que "trabalha frequentemente com patrulhas policiais" e membros das "unidades que trabalham com casos de tráfico de pessoas". Ele também faz operações solo, seguindo pessoas nas ruas, em carros parados, em qualquer lugar em que possa encontrar pessoas que ele considera suspeitas, tentando pegar homens no ato e as mulheres que estão com eles. Para Bates, a câmera não é apenas uma ferramenta para produzir provas: é a sua desculpa para assediar mulheres que ele acha que estão vendendo sexo, acusando-as *online* mesmo quando a justiça não o faria.

Bates não filmou os seis vídeos de Fargo. "É a primeira vez que o JohnTV encontra vídeos desse tipo", se gaba em seu blogue, "Geralmente esses vídeos só aparecem na televisão depois de serem altamente editados por programas tipo *Cops*". Os seis vídeos, que não foram editados, foram transmitidos por um jornal da Dakota do Norte, com o título "Veja operações de prostituição locais". Mas eles não foram produzidos por jornalistas. Os vídeos foram filmados pelo Departamento de Polícia de Fargo.

Há muito para ser visto nos longos minutos que capturam da negociação ao interrogatório, e tudo se repete – o cliente nervoso pergunta se vai conseguir o "serviço completo" ou se ela é "careira", as desculpas ensaiadas dos policiais disfarçados, de que eles "só precisam de um banho de cinco minutos" enquanto pedem reforços, a repentina batida, coletes pretos e bonés e armas apontadas para pessoas nuas, ordenando que elas fiquem de joelhos e abram os braços.

Flagrantes forjados são uma tática policial usada para encontrar homens que compram sexo e as mulheres que o vendem – ou homens e mulheres que a polícia defina desse jeito. Hoje em dia, em vez de limitar as patrulhas nas ruas, policiais procuram anúncios que eles acreditam estar divulgando sexo na internet, entram em contato com as pessoas que postaram os anúncios posando como clientes, marcam encontros em hotéis, e então tentam fazer uma prisão em um quarto de hotel relativamente confortável, com Wi-Fi grátis e uma máquina de gelo no corredor.

Quer fiquem trancados em um depósito da polícia, quer sejam transmitidos no jornal das onze ou postados em um blogue de um vigilante, os vídeos são, eles próprios, uma punição. "Podemos te prender a qualquer momento" eles dizem. "Mesmo que não haja ninguém para ver a sua prisão, todos saberão. Quando filmarmos a sua prisão, ela será vista inúmeras vezes e você vai estar sendo presa o tempo todo".

Nos Estados Unidos, uma das últimas nações industrializadas que continuam a criminalizar a venda de sexo, temos que nos perguntar: por que insistimos que é de interesse público encenar transações de sexo para fazer prisões? O objetivo é estabelecer certa ordem, proteger ou punir?

Nenhuma prova será considerada antes da publicação do vídeo que mostra a prisão. Mas, mesmo se não fosse antes, aos olhos do público e na memória das ferramentas de busca, essa mulher agora é uma prostituta. Como poucas pessoas presas por crimes relacionados à prostituição contestam suas acusações, não existe um evento futuro para desbancar o vídeo da prisão, para reafirmar que aquelas pessoas no vídeo não "[fizeram] nada de errado", como disse uma das mulheres presas em Fargo. A polícia infiltrada, perpetuamente fazendo prisões nesses vídeos, estabelece uma forma de violência contínua contra os corpos dessas mulheres. Mesmo que esteja documentado, isso não é imediatamente visível.

Criar uma prostituta onde antes havia apenas uma mulher é o objetivo desta prática. É uma maneira socialmente aceitável de disciplinar mulheres, movida por um desejo pela lei e ordem e tudo por tudo que está no centro do que eu chamo de "imaginário da prostituta" – os conceitos que criamos e argumentos que desenvolvemos sobre a prostituição. O imaginário da prostituta compele aqueles que buscam controlar, abolir ou lucrar de alguma maneira com a prostituição, e é também o resultado retórico de seus esforços. Ele é movido por fantasias e medos sobre o sexo e o valor da vida humana.

O flagrante forjado, além de reforçar leis injustas ou motivar um julgamento que pode nunca acontecer, busca incitar medo. Essas operações são apenas uma parte da matriz da má conduta generalizada da polícia contra profissionais do sexo e pessoas identificadas como profissionais do sexo. Na cidade de Nova York, por exemplo, em um relatório feito pelo Sex Workers Project [Projeto de Trabalhadoras Sexuais], 70% das profissionais do sexo que trabalham na rua reportaram ter desentendimentos quase que diários com a polícia, e 30% reportaram ter sofrido ameaças com violência. De acordo com o "The Revolving Door: An Analysis of Street-Based Prostitution in New York City" [A Porta Giratória: uma análise da prostituição de rua na cidade de Nova York], quando profissionais do sexo que trabalham na rua pedem a ajuda da polícia, elas frequentemente são ignoradas.

> Carol disse aos pesquisadores que, "se eu ligo para a polícia, eles não vêm. Se houver uma situação na rua, esquece. 'Ninguém mandou ficar na rua'. Depois que uma menina sofreu estupro coletivo, falaram 'desencana, ela trabalha na rua'". E ela retrucou, "Espero que isso nunca aconteça com as suas filhas. Eu sou humana."
>
> Jamie teve uma ocorrência quando estava "passeando na rua [...] Uns caras num jipe passaram [...] um cara do carro jogou uma garrafa em mim [...]. Fui para a polícia [e me disseram] que não tínhamos direitos, pois estávamos em uma área que sabíamos ser uma notória zona de prostituição e que nós merecíamos tudo o que acontecesse conosco".

A truculência da polícia não se limita a profissionais do sexo que trabalham na rua. Em uma pesquisa paralela feita pelo Sex

Workers Project, 14% das pessoas que trabalham prioritariamente em ambientes internos reportaram ter sofrido violência policial e 16% reportaram que policiais haviam iniciado interações sexuais.

Isso foi em Nova York, onde a polícia é reconhecida por violar direitos civis em nome da "ordem", mas a mesma violação aos direitos das profissionais do sexo praticada pela polícia é comum no mundo todo – e bem documentada. Em Bengala Ocidental, o coletivo de profissionais do sexo Comitê Durbar Mahila Samanwaya fez uma pesquisa com mais de 21 mil mulheres profissionais do sexo, juntando 48 mil relatos de abuso ou violência policial em contraste com os 4 mil relatos de violência cometida por clientes, que são vistos normalmente como a maior ameaça para profissionais do sexo, especialmente por aqueles que são contra a prostituição.

A violência policial contra profissionais do sexo é uma realidade global persistente. Enquanto a economia desmoronava na Grécia, a polícia fazia operações em bordéis, prendendo as trabalhadoras, forçando-as a fazerem exames de HIV e divulgando suas fotos e *status* de HIV para a mídia. Essas ações foram condenadas pela UNAIDS e o Human Rights Watch. Na China, a polícia forçou as profissionais do sexo encarceradas a caminhar nas "marchas da humilhação", processões públicas onde elas são algemadas e fotografadas. A polícia publicou essas fotos na internet, incluindo uma que mostra um policial humilhando uma profissional do sexo nua, puxando seu cabelo e brutalmente expondo seu rosto para as câmeras. Quando a foto viralizou, a indignação e clamor da população supostamente levaram a polícia a suspender os rituais de humilhação pública, embora tenha continuado a fazer prisões e batidas violentas.

Era esperado que fotos e vídeos como esses pudessem expor a onipresença dessa violência real para o público. Mas confrontar realmente esse tipo de violência significaria admitir que permitimos que algumas violências contra mulheres sejam cometidas para proteger o valor social e sexual de outras mulheres.

O valor da violência

Já parei de me perguntar por que a prostituição é ilegal. Em vez disso, quero uma explicação para a pergunta "quanta violência contra 'prostitutas' nos parece aceitável?". Os desentendimentos com a polícia, as negativas de ajuda, o abuso de autoridade – tudo isso molda o contexto em que essas operações, e sua documentação midiática, formam um arcabouço completo do que entendemos como justiça, que, nesse caso, se limita a alguma forma de punição, de violência aceitável.

Enquanto escrevia este livro, fui convidada a fazer uma apresentação para alunos e alunas de Direito e membros da Universidade Yale. Na minha exposição descrevi esses vídeos. Depois, quando estava na porta, prestes a ir embora, vários estudantes me abordaram individualmente para dizer que achavam que a minha apresentação teria sido mais convincente se eu tivesse começado explicando o meu "posicionamento sobre a prostituição".

"Você precisa saber se eu sou contra a prostituição", perguntei, "antes de ser capaz de avaliar como você se sente sobre abuso policial, sobre um padrão persistente de negar justiça para pessoas tachadas como 'prostitutas'?". Será que esses vídeos servem apenas como documentação de uma forma de violência aceitável, a ser aplicada como forma de dissuasão, para tornar a prostituição ainda menos segura?

Minha apresentação permanece, com este adendo: esses estudantes me mostraram como as pessoas conseguem concentrar sua oposição ao que veem como o "sistema" da prostituição de maneira tão estreita e insistente que até mesmo a violência policial contra profissionais do sexo consegue se encaixar nesse sistema, de forma que a violência parece ser inevitável. O estigma e a violência que as profissionais do sexo vivenciam são muito mais danosos do que o trabalho em si, mas isso é incompreensível para aqueles que só conseguem enxergar a prostituição como um sistema de violência autoimposto. Para eles, a prostituição marca o limite do que é aceitável para mulheres e homens, é onde acabam os direitos, e a violência se torna justiça. Isso é aceito como o preço por proteger aqueles que mais merecem proteção. Os oponentes da profissão do sexo denunciam a prostituição como uma instituição violenta, mas admitem que a violência pode ser útil para afastar as pessoas dela.

Os vídeos de Fargo convidam o público a testemunhar a violência contra profissionais do sexo, um critério que não admitimos que seja usado para definir sua existência. Neles vemos provas de suas vidas apenas como estão expostas nos últimos minutos críticos de uma tática policial, feita para exercer controle sobre a capacidade das profissionais do sexo de se movimentarem no espaço público, de se sustentarem, de determinarem as condições de seu trabalho. Esses vídeos captam e transmitem o momento – a realização de um acordo e a troca de dinheiro – que é universalmente visto como marco definidor da prostituição, apesar de estarem marcados também pelas particularidades do trabalho sexual entre quatro paredes e sistematizados pela internet: duas pessoas se encontrando em um espaço privado, sentadas sobre um cobre-leito florido, contando o dinheiro antes de irem ao que importa – e antes das algemas serem colocadas. Na visão popular, é a esse momento que as vidas de todas as profissionais do sexo são reduzidas.

Vistas a partir de um quarto de hotel em Fargo, na Dakota do Norte, essas vidas têm um valor relativamente baixo para o público até passarem na frente de uma câmera de um policial.

O olhar encarcerador

Este é o ato ao qual a prostituta é reduzida: o momento em que o dinheiro troca de mãos; o momento em que ela faz um acordo. Não é coincidência que esse é o momento que mais importa para a polícia. Na maioria dos casos, não é necessário que a polícia observe o ato sexual para fazer a prisão. Na verdade, em alguns países, como no Canadá e no Reino Unido, o ato sexual em si não é ilegal. O que é ilegal em muitas jurisdições é a "comunicação feita com o propósito de contratar os serviços" ou até mesmo "vadiagem com intenção de contratar os serviços".

A prostituição é, na maioria das vezes, um crime que se comete conversando.

Em algumas cidades, é um crime que se comete por caminhar. Em Washington, DC, a polícia tem autorização para prender pessoas congregadas em grupos de dois ou mais, se estiverem em áreas que foram definidas pelo delegado da polícia como "áreas livres de prostituição". No Queens, em Nova York, mulheres trans e travestis relatam, em quantidade considerável, que não podem transitar livremente em seus próprios bairros – de seus apartamentos para a estação de trem, por exemplo – sem serem seguidas por policiais que as acusam de estarem "trabalhando", quer elas estejam, quer não. "Eu só estava comprando tacos", uma mulher trans latina de Jackson Heights contou à Make the Road New York. "Me pegaram e me algemaram. Eles acharam camisinhas no meu sutiã e disseram que eu estava me prostituindo. Depois de me algemar, eles me mandaram ficar de joelhos e tiraram minha peruca. Me prenderam e me levaram embora".

Na visão da sociedade em greal, as profissionais do sexo, ou qualquer pessoa tachada como tal, estão *sempre* trabalhando ou, na visão da polícia, sempre cometendo um crime. As pessoas que a polícia tacha como profissionais do sexo incluem, em quantidades desproporcionais, mulheres trans, travestis, mulheres não brancas e pessoas que desafiam os padrões de gênero. Não se trata de policiar o sexo, e sim de caracterizar e policiar pessoas cuja sexualidade e gênero são consideradas suspeitas.

A polícia não precisa simplesmente parecer "firme perante o crime", seguir ordens e manter certas pessoas fora das ruas por meio de assédio, rotulações e prisões. A demanda por mais policiamento não vem só do comando, mas também de grupos feministas. Considere a retórica antiprostituição que tem ganhado força recentemente, as declarações vindas até de organizações famosas que atuam pelos direitos das mulheres, que pedem que, em vez de prender aquelas que elas chamam de "mulheres prostituídas", a polícia prenda os clientes, a "demanda". É assim que a National Organization for Women and Equality Now [Organização Nacional pelas Mulheres e pela Equidade Já] se coloca do mesmo lado daqueles que cometem violência contra profissionais do sexo: a polícia. E por isso temos Kathleen Rice, promotora de Justiça do condado de Nassau, em Nova York, celebrando a prisão de 106 homens, em apenas um mês, por supostamente comprar sexo e ignorando em sua coletiva de imprensa as prisões, no mesmo mês, de 23 mulheres que estavam supostamente vendendo sexo, omitindo suas fotos do pôster que estava ao seu lado na frente das câmeras da mídia. No caminho para prender os clientes, as trabalhadoras ainda estão sendo presas.

A promotora Rice é o modelo perfeito do que a socióloga Elizabeth Bernstein descreve como "feminismo carcerário", a confiança de que o sistema de lei e ordem e o poder do Estado podem trazer justiça de gênero. Ao invés de pedirem menos repressão contra as profissionais do sexo como combate ao crime, algumas feministas agora pedem que a polícia faça operações contra a indústria do sexo em nome da igualdade de gênero. Não vamos conseguir construir uma utopia feminista usando prisões como ferramenta, mas isso não impede que organizações pelos direitos das mulheres exijam que tentemos fazê-lo.

É com esse argumento que a promotora Rice afirma que, quando ela prende homens, ela está "indo atrás da demanda", mas quando prende mulheres, ela está apenas "levando-as para programas governamentais". Não é razoável esperar que uma pessoa acostumada a receber ameaças da polícia, ou a ser coagida a oferecer sexo em troca de não ser presa, possa confiar nesta mesma polícia, muito menos que aceite que a levem à força para programas sociais que ela já sabe que estão disponíveis. Será que é impossível imaginar que existe alguém melhor do que a polícia para ajudar as profissionais do sexo? Será que internalizamos tanto a ideia de que a polícia deve agir como a intermediária, reguladora e chefe das profissionais do sexo que não conseguimos imaginar prostituição sem ela?

Estamos enxergando através dos olhos do policial quando não conseguimos ver a profissional do sexo como qualquer coisa que não seja a profissão, quando a vemos como um objeto a ser controlado. Não é apenas um olhar encarcerador, é um olhar sexualizado. Se a profissional do sexo está sempre trabalhando, sempre disponível, ela (com esse olhar, é quase sempre *ela*) é essencialmente sexual. É a visão do vídeo de vigilância do quarto de hotel, mas que se estende aos nossos bairros, aos nossos grupos comunitários e às nossas políticas. Até os programas de "reabilitação" para profissionais do sexo, que parecem mais benignos, são feitos para isolá-las do resto da população. Eles podem ser descritos como abrigos, mas as portas estão trancadas, as ligações são monitoradas, e é proibido receber convidados. Quando construímos a ajuda dessa maneira, usamos o mesmo olhar com o qual construímos e enchemos prisões. Isso não é compaixão. Não é caridade. É controle.

Quando enxergamos as profissionais do sexo dessa maneira, criamos condições para que elas sejam policiadas sempre. A "criminalização" não é apenas uma lei nos livros, mas um estado de ser e de se movimentar no mundo, de formar relações, de tê-las predeterminadas para você. É por isso que demonizamos a perspectiva do cliente sobre as profissionais do sexo como se ela se resumisse unicamente ao controle absoluto, por isso que consideramos a verdadeira violência enfrentada por profissionais do sexo como responsabilidade individual do homem, e é por isso que imaginamos que todas as profissionais do sexo devem ser desprovidas do poder para dizer não. Não temos como entender a maneira com que nos relacionamos com a prostituta criada na nossa imaginação, *a não ser* através do controle.

A fixação em controlar é o que restringe nossa visão da profissão do sexo e a natureza clandestina da profissão. Eu quero remover essas restrições e ir além do imaginário. O que segue não é uma promessa de uma nova realidade para além da fantasia da contratação na qual as profissionais do sexo se engajam, mas uma aproximação vagarosa de uma fantasia mais persistente, e seu fim.

Capítulo II – A prostituta

Eu te desafio a encontrar a diferença entre uma prostituta nua e qualquer outra mulher nua.

Henri Leclerc, advogado de Dominique Strauss-Kahn (2011)

Controlar a venda de sexo não é uma ideia tão antiga quanto imaginamos. O sexo comercial – como prática e como indústria –, assim como a classe de pessoas dentro dele, é reinventado continuamente. Os vários métodos usados para punir o que vemos como perversão sexual persistem, prendemos "sodomitas" e "mulheres da vida", por exemplo, mesmo quando os nomes dados a esses personagens perigosos mudam com o passar do tempo. Há quem diga que o perigo começou a se esvair quando a puta marginal deu espaço para a prostituta vitimizada, no final do século XIX; e desde meados dos anos 1970, a "prostituição" se tornou "profissão do sexo". É essa transição de um estado de ser para uma forma de trabalho que precisa ser compreendida se quisermos entender o trabalho do sexo como uma profissão: como ela se deu, quais são seus objetivos, quem a propulsionou, quem a contesta, quem se beneficia dela. A diferença mais importante é que a designação da profissão do sexo é uma invenção das próprias profissionais.

É por isso que não estou tão interessada no que as pessoas pensam sobre a prostituição: ela não existe mais. Aquela que chamamos de "prostituta", em contradição a seu honorífico como membro da "profissão mais antiga do mundo", não é tão antiga assim. A palavra é jovem e inicialmente não conferia identidade. Quando a palavra "*prostitute*" entrou para a língua inglesa, no século XVI, ela era um verbo, "*to prostitute*" [prostituir], e significava colocar algo à venda.

A palavra "*whore*" [puta] é mais velha, do inglês antigo ou alemão antigo, possivelmente derivada de um radical que já não conhecemos mais, e aparece em registros do século XII A.C. Incontáveis pessoas tiveram suas vidas, vividas anteriormente à invenção da palavra, posteriormente reduzidas à palavra "*puta*" por historiadores, apesar de suas atividades serem variadas. Ao contrário do que diz a Bíblia do rei Jaime, não havia uma meretriz da Babilônia. Não havia prostitutas em Pompeia. Nenhuma mulher, na velha ou nova Amsterdã, trabalhou em uma zona de meretrício [*red-light district*] até receberem esse nome no final do século XIX.

Foi o século XIX que nos trouxe a figura da prostituta, que hoje entendemos ser um produto da instituição que veio a ser chamada de prostituição, mas que na verdade nasceu de algo muito mais amplo. Antes desse período, explica a antropóloga Laura Agustin em seu livro *Sex at the Margins* [Sexo nas margens], não existia uma palavra ou conceito que significasse exclusivamente a venda de serviços sexuais. A expressão "*whoring*" se referia a relações sexuais extraconjugais e tinha a conotação de imoralidade e promiscuidade sem o envolvimento de dinheiro, e a palavra "*whore*" era usada para marcar qualquer mulher que passava dos limites de respeitabilidade da época.

Ao mesmo tempo que observamos um novo tipo de mulher na personagem da prostituta, vemos também a invenção de um novo tipo de homem: o homossexual. Contudo, da mesma maneira que as relações sexuais entre pessoas do mesmo gênero precediam esse período, a identidade da prostituta também foi aplicada a um conjunto de práticas muito mais antigas, e para propósitos paralelos: para produzir uma pessoa transformando um comportamento (mesmo que ocasional) em uma identidade. Daí em diante a classe foi marcada, e a partir daí poderia ser mais facilmente imaginada, localizada, tratada e controlada pela lei. Esta é a personagem para qual as leis foram feitas: uma fantasia de degradação absoluta, que é abandonada por todos menos os poucos que, nobremente, buscam salvá-la.

E, para o desgosto das prostitutas, dos homossexuais e aqueles dentre nós que são ambos, esse período ainda não acabou. O fim do século XIX transformou pessoas em criminosos, não apenas pelas práticas de sodomia e venda de sexo. No final do século XX, o medo da AIDS levou à imposição de sanções sociais e criminais contra essas mesmas pessoas. Essas sanções não eram contra *todos* aqueles que tinham relações com pessoas do mesmo sexo ou que vendiam sexo, mas contra aqueles que eram visivelmente "diferentes" e associados a outras formas de desvios.

É importante lembrar que a invasão policial no bar Stonewall Inn, em uma noite de junho de 1969, não teria se tornado uma rebelião se não fosse pelas travestis (como elas se identificavam na época) atentas que resistiram quando foram ameaçadas com prisões, e que jogaram moedas e garrafas na polícia.[3] Ainda assim, essas mesmas pessoas, as bichas, as sapatonas as travestis e as putas que deram início à batalha de liberação gay mais celebrada – e uma das mais emblemáticas na história dos direitos civis, chegando a ser mencionada pelo presidente Barack Obama em sua segunda posse presidencial – são as mesmas que têm maior chance de serem vítimas de abusos policiais nos arredores de Stonewall até hoje.

Nós, e especialmente as pessoas que vendem sexo, ainda não saímos completamente desse período.

Eu nasci no mesmo ano e no mesmo país onde a profissão do sexo foi inventada. Em 1978, Carol Leigh, ativista pelos di-

---

[3] N. da E.: a Rebelião de Stonewall foi uma série de manifestações violentas e espontâneas de membros da comunidade LGBTQ+ contra uma invasão da polícia de Nova York no bar Stonewall Inn, nos Estados Unidos. Na madrugada de 28 de junho de 1969, o bar, que havia se consagrado como um reduto recreativo das comunidades LGBTQ+ da cidade, foi invadido por policiais e diversos frequentadores do espaço foram agredidos, enquanto outras 13 pessoas foram detidas. Como resposta à detenção, uma multidão se reuniu em frente ao bar jogando moedas, garrafas e outros objetos na polícia. A reação acabou por se transformar em um levante e, nos dias que se seguiram, centenas de pessoas se reuniram em frente ao bar para protestar a favor dos direitos da comunidade LGBTQ+ e contra a perseguição e a violência cometida pelos policiais contra eles. Esses motins são considerados como o evento mais importante que levou ao movimento moderno de libertação gay e à luta pelos direitos LGBTQ+ no país.

reitos das profissionais do sexo, artista e autora, escreve em seu artigo "Inventing Sex Work" [Inventando o trabalho sexual]:

> Fui a uma conferência em São Francisco organizada pelo grupo Women Against Violence in Pornography and Media [Mulheres contra a violência na pornografia e na mídia]. A conferência era parte de um fim de semana de ativismo, contando com a presença de Andrea Dworkin em um ato antipornô em North Beach, o "bairro de entretenimento adulto" de São Francisco, durante o qual as pessoas presentes humilharam e assediaram as *strippers* e outras profissionais da indústria do sexo no bairro.

Um ato como esse só pode ser entendido como uma atividade feminista se acreditássemos que as pessoas que eram alvo do assédio tivessem, de alguma maneira, dirigido ou pedido o protesto. Seria necessário concluir que para essas trabalhadoras esses atos eram diferentes das invasões e operações policiais que atingiam os mesmos negócios – seus lugares de trabalho – contra os quais os manifestantes protestavam. Ou as pessoas no ato teriam que se convencer de que elas simplesmente sabiam – mais do que as profissionais do sexo – o que era melhor para elas.

Carol Leigh entendeu que, ao assistir à conferência como prostituta, ela poderia confundir algumas dessas divisões dentro do feminismo – por exemplo, a de que a prostituta, objeto da discussão, estaria ausente. Essa suposição se afastava profundamente da teoria feminista prevalente do momento: que defendia que a política procede da experiência das próprias mulheres. Mas quais mulheres? As mulheres da indústria do sexo não foram as primeiras a desafiar sua ausência tácita (por não estarem expostas) e a sua simultânea inclusão (por serem parte da classe universal de mulheres) em uma sala majoritariamente ocupada por pessoas brancas, de classe média, cisgêneras e heterossexuais.

As pessoas que vendem sexo, e as mulheres que vendem sexo, em particular, não estão ausentes desses espaços e, como atesta Carol Leigh, testemunham em primeira pessoa as políticas de exclusão perpetuadas por outras mulheres que não entendem que elas compartilham das mesmas preocupações que as profissionais do sexo. "Eu encontrei a sala da conferência sobre prostituição", ela continua,

> Quando entrei, vi o título do *workshop* em uma placa. Ele incluía a frase "Indústria do Uso Sexual". As palavras estavam enfatizadas e me constrangeram. Como poderia me sentar no meio de outras mulheres como uma semelhante política quando estava sendo objetificada daquele jeito, descrita como uma coisa a ser usada, escondendo meu papel como autora e protagonista nessa transação? No início do *workshop*, eu sugeri que seu título fosse alterado para "A Indústria do Sexo", porque isso descrevia o que as mulheres faziam. No geral, os homens são usuários e as mulheres as fornecedoras dos serviços. Lembro que ninguém se manifestou contra.

Carol Leigh percebeu que não estava sozinha. "Uma mulher, outra escritora e artista, veio falar comigo depois do *workshop* para me contar que havia sido prostituta na adolescência",

Leigh lembra, "mas que não conseguia discutir suas experiências por medo de ser condenada e julgada".

Durante a segunda onda do feminismo, enquanto as mulheres faziam fila para participar de conferências como essa para demolir as caricaturas da subserviência feminina – a filha inocente, a esposa altruísta – a terrível prostituta foi um mito que elas se recusaram a condenar com a mesma ênfase. Mesmo uma feminista "solidária" como Kate Millet, presente em uma conferência enquanto prostitutas entravam de penetra em outra conferência mais tradicional em Nova York, escreveu sobre elas com certa simpatia em *The Prostitution Papers* [Os cadernos da prostituição]. No entanto, ela "não entendeu a questão", como escreve a historiadora Melinda Chateauvert. Millet acreditava que "o 'problema' (na sua visão) das prostitutas poderia ser resolvido com uma reorientação fundamental da autoimagem da prostituta, [que] algumas prostitutas poderiam ser reabilitadas por meio da conscientização feminista". A ideia de que as profissionais do sexo poderiam ser capazes de fazer isso sozinhas, sem a orientação de suas irmãs, que suas demandas poderiam se estender além da "autoimagem", era inimaginável.

A política do trabalho sexual

É impossível chegar às políticas do trabalho sexual sem se referir às prostitutas e putas que vieram antes, ou a todas as personagens que povoam o imaginário do que seria uma prostituta. Isso explica por que as políticas da profissão do sexo são persistentemente enquadradas como uma questão das mulheres, apesar de nem todo profissional do sexo ser mulher. Os homens estão presentes apenas como cafetões ou clientes, ou, mais recentemente, e tão problemático quanto, como *compradores* e, curiosamente, não apenas como *consumidores* ou *clientes* – talvez por que as profissionais do sexo prefiram usar esses termos. Quando as mulheres envolvidas na indústria do sexo são imaginadas, elas são apresentadas como objetos do desejo e da violência dos homens. Homens que trabalham na indústria do sexo raramente são considerados membros da mesma profissão.

Mulheres trans e travestis que vendem sexo são apresentadas pela mídia apenas como estereótipos, e são frequentemente mal compreendidas até por aqueles que se solidarizam com outras mulheres envolvidas na indústria. Pelo trabalho sexual ser uma forma confiável de renda para aqueles que sofrem preconceito em outras esferas profissionais, as pessoas que não se identificam com os padrões normativos de gênero são uma presença constante na história da indústria do sexo, mas, apesar disso, são praticamente invisíveis para aqueles que estão fora da indústria. Feministas antiprostituição, no entanto, não enxergam a profissão do sexo como profissão para mulher alguma. É sintomático que muitas feministas que querem abolir todas as formas da profissão do sexo, como Janice Raymond, autora do livro *The Transsexual Empire* [Império transexual], e Sheila Jeffreys, autora do livro *The Industrial Vagina* [A vagina industrial], se recusem a aceitar que mulheres trans e travestis são mulheres. Elas parecem acreditar que aquelas que fazem parte da indústria do sexo são incapazes de ser mulheres de verdade.

Devemos também nos lembrar, ao considerar qualquer estudo ou reportagem que alega examinar as prostitutas ou a prostituição, que muitas pessoas descritas com esses termos não os usam para se descrever. Quando muitos pesquisadores e repórteres procuram prostitutas, eles encontram apenas aquelas que se encaixam em seus estereótipos, por serem as únicas pessoas que eles conseguem enxergar. Se as profissionais do sexo desafiam esses estereótipos, são tratadas como uma novidade trivial em vez de uma realidade.

Mesmo hoje, durante suas jornadas de trabalho, é incomum que as profissionais do sexo se refiram como tal para seus clientes. A profissão do sexo é uma identidade política que ainda não substituiu inteiramente as identidades que foram impostas a elas. Expressões como "profissional do sexo" e "pessoas que fazem parte da indústria do sexo" são usadas aqui para descrever melhor todas as pessoas que vendem ou trocam sexo ou serviços sexuais. O termo "prostituta" será prioritariamente adotado para se referir ao seu uso histórico; se estou falando sobre alguém envolvido na indústria do sexo em um momento histórico antes da expressão "profissão do sexo", provavelmente não a usarei. Em contextos contemporâneos, usarei as palavras "prostituta" e "prostituição" quando são usadas por outros e outras: por exemplo, por aqueles que são antiprostituição, que usam essas expressões para se descrever ou para descrever suas políticas.

O uso da expressão "profissão do sexo", então, como aquelas que a precederam, é distribuída de maneira política e desigual. As profissionais do sexo podem ser encontradas na literatura de saúde pública, por exemplo, mas isso se deu por conta de seu próprio ativismo, e em especial das pessoas que resistiram no início da era da AIDS, lutando contra a noção de que as prostitutas eram as responsáveis pela doença, uma versão atualizada de outros pânicos de saúde – sífilis, doenças venéreas –, em que muitos viam os corpos das prostitutas como pouco mais do que "vetores de doença". Fora das redes políticas das profissionais do sexo, foi no mundo da AIDS onde a transição para "profissão do sexo" se deu de forma mais completa, pelo menos linguisticamente, embora ainda seja uma luta constante colocar política e os recursos em ação. A produção da profissão do sexo não passou sem contestações significativas e persistentes.

Profissionais do sexo ocupam boa parte do espaço público dentro de sua produção cultural própria: propagandas, *sites*, fotos, vídeos. É nesse ambiente que elas estão mais diretamente envolvidas com a criação de sua própria imagem, movidas pelas necessidades contraditórias de exposição e discrição. Confinada aos canais da mídia que não a censuram explicitamente, essa produção é voltada para os clientes. Seria errado interpretar esses anúncios e outras formas de *marketing* como uma representação completa das profissionais do sexo: eles não são feitos para retratar a vida fora do horário de trabalho.

Isso não impede que reformadores sociais antiprostituição usem os anúncios como prova das condições do trabalho sexual. Eles não os percebem como uma forma de *marketing* intencionalmente glamurizada, mesmo que a tal glamourização da profissão do sexo seja uma grande preocupação dos defensores da proibição da prostituição em outras formas de mídia. (De acordo com ativistas antiprostituição, as seguintes coisas são responsáveis por glamourizar a profissão do sexo e torná-la mais atraente para trabalhadoras em potencial: o filme *Uma linda mulher*, a série de televisão britânica *Secret Diary of a Call Girl* [O diário secreto de uma prostituta] e o que eles chamam de "cultura *pimp*" (cultura de cafetão) no *hip-hop*. Coisas que, aparentemente, têm menos responsabilidade: o mercado de trabalho, a privatização da educação e da saúde, dívidas). Toda a ênfase que é colocada na representação da prostituta na cultura popular permite que aqueles que se opõem à indústria do sexo possam manter o seu ativismo no âmbito da aparência.

Durante um tempo, parecia que a luta não seria longa: nos Estados Unidos, no início dos anos 1970, representações solidárias de prostitutas entraram no *mainstream*, em conjunto com um aumento de visibilidade do sexo comercial, como parte integrante da vida da cidade e do turismo. Era 1971 quando Jane Fonda recebeu o Oscar pela sua atuação no papel de uma garota de programa independente e boêmia no filme *Klute: o passado condena*, e um relato em primeira mão da prostituição, o livro *A aliciadora feliz*, chegou na lista dos mais vendidos do *New York Times* no ano seguinte. Além disso, no começo da década, após uma série de decisões judiciais aparentemente relaxarem as proibições de "obscenidade", as cidades de Boston e Detroit foram as primeiras nos Estados Unidos a explorar o licenciamento de negócios de entretenimento adulto. A Times Square, na época o distrito da luz vermelha mais cinematográfico do mundo, não ainda havia expulsado esses negócios completamente, junto com as garotas de programa que lhe deram fama.

Foi durante esses anos que nasceu o movimento moderno de direitos das profissionais do sexo. Em 1973, a ativista americana Margo St. James criou a primeira organização pelos direitos das prostitutas, a Call Off Your Old Tired Ethics [Cancele sua velha e cansada ética] (COYOTE), para se opor à criminalização da prostituição; em 1975, mais de cem prostitutas ocuparam uma igreja em Lyon, na França, para protestar contra a repressão policial, declarando que ficariam ali até que as prisões de suas membras fossem revogadas. O movimento pelos direitos das prostitutas, como era chamado na época, pode ter nascido das demandas pela liberdade sexual, mas suas próprias demandas eram por se libertar da violência policial.

Foram esses grupos que formaram a base para que Carol Leigh criasse a expressão *profissional do sexo*, e por meio da rede de ativistas e organizações aliadas, a profissão avançou. Na primeira década deste século, o secretário-geral das Nações Unidas, Ban Ki-moon, e vários segmentos da ONU pediam o fim da criminalização da profissão do sexo, incluindo a Global Commission on HIV and the Law [Comissão Global sobre HIV e Direito], que foi criada pelo programa de desenvolvimento da ONU e o Joint UN Program on HIV/AIDS (UNAIDS), uma comissão independente. A Organização Internacional do Trabalho reconhece a profissão do sexo como trabalho e a discriminação contra profissionais desse setor – o que inclui a realização forçada de testes de HIV – como violação dos seus direitos trabalhistas. A Human Rights Watch recomenda a descriminalização da profissão do sexo. A Organização Mundial da Saúde recomenda que "todos os países devem trabalhar pela descriminalização da profissão do sexo e pela eliminação da aplicação injusta de todas leis não criminais e regulamentações contra as profissionais do sexo".

Isso não significa que a vida das profissionais do sexo melhorou unilateralmente com o aumento de visibilidade, que as recomendações foram adotadas sem resistência (isso se foram adotadas) ou que a nova visão da profissão do sexo como trabalho acabou com o fenômeno social da prostituição.

Nos quase quarenta anos desde a invenção da profissão do sexo, a fascinação do público encontrou novas formas de realização, mesmo quando as pessoas envolvidas na indústria do sexo controlam sua própria representação. Assim como as profissionais do sexo tomaram mais espaço público para atuar e se expressar, cada oportunidade é contrastada com a imposição de personagens imaginárias. Prostitutas continuam sendo, para muitos, apenas o que está do outro lado do olho mágico – ou das grades. Em seu livro de 1992, *Screwing the System* [Fodendo o sistema], Anne McClintock disse, "quanto mais as prostitutas são obrigadas a falar sobre suas ações, mais elas se incriminam". O sexo não é necessário para a prisão de prostitutas (não que isso impeça policiais de forçarem sexo), apenas a comunicação que demonstre o propósito de cometer prostituição. Se o discurso sobre a vida das profissionais do sexo as torna criminosas, como isso se relaciona com as exigências do público para dar visibilidade e empatia ao "compartilhar nossas histórias"?

McClintock argumenta que, não só no tratamento específico que lhes dá o judiciário, mas ao longo de toda a vida das profissionais do sexo é exatamente por isso que seus depoimentos são exigidos: "Ao ordenar que o indizível seja dito em público [...] ao publicar e exibir obsessivamente fotos picantes, provas em vídeo, confissões e exposições, os julgamentos da prostituição se revelam estruturados pelo mesmo fetichismo que eles propõem isolar e punir". As profissionais do sexo devem entender que são forasteiras e criminosas por venderem seus corpos, mas o que é esperado de suas histórias é a repetição da venda, e para um público muito mais amplo do que elas encontram em sua profissão.

Além disso, elas são cada vez mais chamadas para depor sobre a natureza da sua profissão e das suas vidas em diversos veículos: para especiais de televisão, ao lado dos políticos "desonrados" que as contratam, na publicação de diários secretos; para assistentes sociais, psicoterapeutas e outros membros da classe de auxílio; para tabloides, se elas, ou os escândalos criados em volta delas, virarem manchete. É raro que elas, ou o público, se beneficiem do compartilhamento de suas histórias. As profissionais do sexo estão presentes apenas para gerar lucro para proprietários invisíveis.

Essa exigência de que as profissionais do sexo sejam ouvidas, para provar sua inocência ou culpa, quanto para explicar por que ao mesmo tempo que a indústria teve avanços para seu reconhecimento e das representações populares que desafiam os estereótipos, a prostituta, tanto real quanto imaginada, continua sendo o objeto de controle social. É assim que as profissionais do sexo são vistas até hoje: como curiosidades, talvez, mas principalmente, como alvos legítimos de operações policiais e preocupações caridosas – às vezes ambas ao mesmo tempo. É aqui que a prostituta provavelmente será encontrada hoje, onde aqueles que querem "salvá-la" a localizam: no momento de sua prisão.

Capítulo III – A profissão

"A prostituta" está no limite do literal e do metafórico, posta para trabalhar como quase nenhuma outra figura.

Julia Bryan-Wilson, historiadora de arte (2012)

As primeiras mulheres que compartilharam comigo suas experiências como prostitutas acabaram sendo presas.

"Você sentiu medo quando começou?", eu perguntei. Ela estava de pé, passando manteiga no pão, na bancada da minha cozinha. Nos sentamos juntas na mesa que ficava debaixo das escadas, que antigamente levava aos quartos dos empregados, mas agora só levava ao meu quarto. Não sabia se deveria estar perguntando aquilo. Será que foi correto? Será que ela queria falar disso comigo? Será que ela devia falar disso comigo? Será que ela pensaria que eu acho que sou boa demais para fazer o que ela fez? O fato de eu perguntar, de não saber, o fato de que eu tive que perguntar, significa que eu não teria a força para fazê-lo? Será que eu era igual aos seus clientes, fazendo perguntas terríveis e gastando seu tempo?

Ela foi paciente comigo. Ela não tinha nenhum motivo para ser.

Os homens, ela disse, ligavam para o número de celular que estava em um anúncio de jornal. Alguns a encontravam em um motel ou hotel, mas muitos a convidavam para suas casas, onde não se preocupavam por ter deixado cartas e fotos de suas famílias expostas. Era impressionante, ela disse, quantos homens se sentiam seguros para fazer aquilo; que, talvez, homens sempre se sentem seguros, mesmo perto de estranhas; que tudo que ela sabia sobre a vida desses homens poderia ser mais perigoso para ela do que se eles fossem policiais.

Em quantas pessoas ela achou que podia confiar esses aspectos da vida? Quantas vezes eu estava, enquanto fazia minhas próprias perguntas, apenas procurando uma forma de validação? Somos ensinados a acreditar, quer por sua natureza, ou não, que nenhuma mulher precisaria ou gostaria de ouvir que alguém acha que ela poderia ser uma puta. Será que eu seria crível o suficiente para os clientes sobre os quais eu tinha acabado de aprender para construir minhas próprias suspeições de valores de: quem seriam esses homens, e quem eu seria para eles se nos conhecêssemos. Eu seria boa o suficiente para a profissão do sexo?

Eu perguntei o que ela fazia durante a hora que passava com eles. Qual era o trajeto da ligação de telefone para o dinheiro, o ato e depois a volta para casa? Por que eu não conseguia entender imediatamente essa jornada que eu mesma fiz muitas vezes, sem a presença do dinheiro? Porque esse ato tinha sido obscurecido, como tantos outros mistérios femininos do sexo que, na verdade, são mantidos pelos homens que nos preferem ignorantes e dependentes.

Uma divisão havia sido construída entre elas e eu, entre as prostitutas e todas as outras mulheres, e isso criou um obstáculo na transmissão dessa informação vital. Era essa cisão, e não a natureza do trabalho sexual, que nos mantinha separadas, que poderia nos causar sofrimento desnecessário. Agora eu queria que todas soubessem exatamente como as coisas poderiam ser, quais seriam as suas opções e quanto poder teriam se um dia se encontrassem na situação de precisarem explicitamente trocar sexo por algo de que necessitam.

Lembrei dos *workshops* na faculdade, que aconteciam toda primavera no estábulo de um campo perto da faculdade, onde aprendíamos a fazer uma extração menstrual – que pode ser usada também como forma de aborto – em casa. Não havia desculpa: essa informação era compartilhada caso o aborto fosse novamente criminalizado nos Estados Unidos. Você já quis usar essa técnica? Provavelmente não. Você teve vergonha de conhecê-la? Não deveria ter.

Recentemente, recebi um *e-mail* que perguntava se eu tinha informações sobre como se tornar uma prostituta. A autora do *e-mail* disse que, apesar de gostar do meu trabalho, ele não servia como um guia para iniciantes sobre como trabalhar na profissão do sexo. Isso é verdade, mas não significa que as pessoas que leram meu trabalho não tentariam encontrar conselhos nele mesmo assim. É o que eu fazia quando encontrava um livro que falava sobre prostituição ou *striptease*, alguns anos antes de me engajar na profissão do sexo, fazendo uma engenharia reversa do texto, transformando-o em um manual. Isso foi antes de muitas pessoas começarem a usar a internet para compartilhar esse tipo de informação, certamente antes das profissionais do sexo terem blogues (mas não antes de começarem listas de *e-mail* e discussões no Usenet).

Compartilhar informações entre profissionais do sexo é essencial para ajudá-las a negociarem e administrarem seu trabalho, e rejeitarem situações indesejadas, que não parecem seguras e que pagam mal. Mas isso pode ser dito sobre qualquer profissão. O que torna esse aspecto único para a nossa profissão e o que cria a sensação de pânico no meu estômago quando eu abro um *e-mail* como esse é que o compartilhamento dessas informações, que podem salvar vidas, pode ser visto como criminoso. Nos Estados Unidos, a venda de sexo é um crime leve, mas compartilhar informações sobre como fazê-lo é considerado uma ofensa criminal mais grave.

Para as profissionais do sexo, compartilhar informações honestas, mesmo que anonimamente, significa correr riscos sociais, políticos e emocionais. Mesmo nas formas mais uniformemente legais da profissão do sexo – que, nos Estados Unidos, podem incluir pornografia e *striptease* – a confidencialidade reforça a vergonha e o estigma, e pode comprometer a capacidade da profissional de controlar o seu próprio trabalho. Quando dizemos que as profissionais do sexo vivem "vidas duplas", em vez de simplesmente esconder quem são, obscurecemos o *porquê* da necessidade de esconderem o que fazem no trabalho. Tudo que é intencionalmente discreto sobre a profissão do sexo (protocolos para assegurar a privacidade da profissional e do cliente, por exemplo) são estratégias para diminuir a possibilidade de risco jurídico e exclusão social, e não deveria ser visto como falsidade, pelo menos não mais do que a discrição e os limites mantidos por um psicólogo ou padre. Mas a necessidade da discrição é deformada pelos estigmas proibicionistas da profissão do sexo e o policiamento: as profissionais não sabem o que ou com quem podem falar para não sofrerem consequências que elas mesmas desconhecem.

Lembram-se de Deborah Jeane Palfrey, a famosa "Madame de Washington" que, na primeira década deste século, tinha entre os clientes de sua agência de acompanhantes David Vitter, o senador republicano da Louisiana que defendia os "valores da família", e Randall Tobias, o quase-ex-czar da AIDS e defensor da educação baseada em abstinência? Quando ela foi acusada de lavagem de dinheiro e extorsão, suas finanças foram tomadas e o seu bem mais rentável se tornou a sua lista de clientes. Na primavera de 2007, encontrei uma página sobre isso na internet, com uma conta telefônica com números e cidades correspondentes. O único número que não havia sido censurado estava no fim da página, e era o telefone dela. Sem seu negócio, a lista de clientes era o seu único bem que tinha qualquer valor.

Então eu liguei para ela. Não fiz anotações, mas, se me lembro bem, ela estava querendo vender a lista para algum veículo midiático para procurar os clientes mais relevantes. Pode ser que eu tenha feito um princípio de oferta: eu tinha acabado de lançar um blogue em conjunto com a cofundadora do Sex Workers Outreach Project [Projeto de Visibilização de Trabalhadoras Sexuais], Stacey Swimme, e estávamos acompanhando o caso da Deborah Jeane obsessivamente. A rede ABC acabou conseguindo a lista e a transmitiu em um programa especial noturno, fazendo propagandas exageradas, mas, no final, declararam que não encontraram ninguém significativo na lista. (Mas um nome: Harlan Ullman, o homem tido como o arquiteto da doutrina militar de "choque e pavor", usada pela administração Bush na invasão do Iraque em 2003). Isso não impediu o programa, que prometeu "histórias reais" de prostituição, de continuar. A ABC chegou a nos ligar perguntando se podíamos indicar uma garota de programa "clássica" e "educada" – leia-se branca e convencionalmente atraente – como as profissionais que Deborah Jeane preferia contratar. Stacey e eu nos revezamos para retornar a ligação do agente, uma de nós fazendo o papel da blogueira e a outra da garota de programa, quando na verdade éramos ambas as duas coisas, e depois comparamos nossas anotações sobre o ângulo da história e os avanços que o agente compartilhou conosco. Para a blogueira, ele fez a história parecer uma oportunidade para mostrar o "mundo real" do programa, para apresentar garotas de programa sem objetificá-las ainda mais. Na ligação para a garota de programa, ele perguntou quando ela poderia encontrá-lo em um Starbucks para uma pré-entrevista. Recusamos e continuamos com o blogue, onde podíamos relatar a história sem ter que manipulá-la.

Havia mais um detalhe sobre a agência da Deborah Jeane que nos chamou a atenção tanto quanto criou fantasias para a mídia: supostamente ela pedia para que as profissionais assinassem um contrato que dizia que elas não fariam sexo com os clientes. Isso não é uma prática incomum em agências que oferecem serviços nos quais a profissional, seja garota de programa, massagista ou dançarina, vai até a localização do cliente. É um contrato de gaveta, uma tentativa de isentar os donos das agências de responsabilidade e transferi-la para as profissionais. Mas manter essa ficção – não importa o quão justificável ou necessária seja quando a prostituição é criminalizada – impede conversas francas e realistas sobre o verdadeiro conteúdo desses empregos. Se você não está transando, pelo menos de acordo com o seu contrato, qual seria a necessidade de a administração reconhecer que a negociação do sexo faz parte da profissão? Como poderiam atender às necessidades das profissionais, sua saúde e segurança, como a necessidade de camisinhas e lubrificantes? Como poderiam dar apoio jurídico em um caso de operação policial quando, para proteger a si mesmos, eles insistem que o trabalho realizado é inteiramente legal?

Não é a profissão em si, mas sim esse tipo de ficção e o contexto penal que a torna necessária que faz com que haja riscos e perigos. Foi só em 2012 que algumas cidades estadunidenses – São Francisco e Washington – pararam de usar camisinhas como prova de prostituição, e só o fizeram depois de muita pressão das profissionais do sexo e ativistas pela saúde pública e direitos humanos. Em Nova York, o uso de camisinhas como provas de prostituição é tão rotineiro que, nos formulários-padrão para depoimentos preenchidos pelos policiais quando fazem uma prisão em flagrante, há uma lacuna específica para informar a quantidade de camisinhas apreendidas com a suposta profissional do sexo. É esta a tragédia da aplicação da lei: um sistema que deveria usar o monitoramento da polícia como uma ferramenta para combater a violência contra as mulheres (como a prostituição é vista) produz violência contra as mulheres com menor capacidade de defesa. Profissionais do sexo não aceitam camisinhas de assistentes sociais ou de suas colegas como uma maneira de se manterem seguras do risco de prisão.

É por causa desses riscos, e não baixa autoestima, que as profissionais do sexo preferem não compartilhar suas experiências, nem mesmo entre si.

Existem outros riscos também. Muitas vezes, o processo de contar a história da profissão é uma forma de *striptease*, indistinguível da própria profissão. Exige-se que seja criada uma história reveladora e prazerosa para um público que esconde seu interesse por trás de compaixão ou curiosidade. Na rotina convencional de um *striptease* a profissional dança provocativamente na primeira música, tira o sutiã quando acaba a segunda música e a parte de baixo durante a terceira. Fora do palco, ela sabe que também existe um roteiro que determina como sua história será recebida. Frequentemente, a acusam de ser incapaz de falar a verdade sobre sua própria vida, de precisar de tradutores e intérpretes. Mas parte de falar a verdade nessa situação é não se conformar aos papéis restritos – virgem, vítima, perversa ou puta – que não foram criados por ela mesma.

O público está mais acostumado a se relacionar com profissionais do sexo por meio de suas sexualidades ou, mais precisamente, por meio de uma performance sexual que pode ou não ser semelhante à sua sexualidade fora da profissão. O público pode não entender isso como uma performance, ou, por outro lado, pode rejeitá-la ou fetichizá-la como falsa. Quer elas sejam recebidas como heroínas falando a verdade, quer como mentirosas manipuladoras, o público espera que essa relação seja erótica, mesmo que não entenda isso conscientemente. Por conta disso, as profissionais do sexo calibram o que compartilham em público, para compensar essa troca erótica não compensada.

Isso não é um peep show.[4] Então eu não vou, por exemplo, contar a minha história, apesar da forma pela qual acabei chegando à história que conto aqui ser inseparável da minha experiência como profissional do sexo. O que eu pretendo, ao mesmo tempo que não vou deixar de lado a minha parte nesse jogo, é revelar por meio de uma troca de ideias, e não pela incitação de excitação.

Manter esse tipo de silêncio seletivo sobre mim é uma forma temporária e, no final das contas, insuficiente, de resistência. É uma tática até chegar o momento em que eu possa compartilhar a minha história em condições legais e econômicas mais favoráveis para mim e para outras que ainda estão na indústria do sexo. Enquanto esperamos, e também por ser tão importante quanto, quero mover o seu olhar das profissionais do sexo para as fantasias de prostituição com as quais aqueles que querem abolir, controlar ou lucrar com a indústria tanto se preocupam e obcecam.

Como resultado na minha escolha política de não falar sobre algumas questões que se espera ouvir de profissionais do sexo, temo que possa haver tanta ausência nessa história que isso seja quase um apagamento, que não falar dessas ques-

---

4 N. da E.: o *peep show* é uma forma de entretenimento que consiste na exibição de fotografias, objetos ou pessoas, visualizadas através de um pequeno furo ou lupa em uma caixa, e tem sido utilizado para apresentações de imagens eróticas e pornográficas, desde o final do século XIX. Em seu uso na pornografia contemporâneo, o *peep show* é uma apresentação de partes de filmes pornográficos ou um *show* de sexo ao vivo, que é visto através de uma fenda de visualização que se fecha após um curto período de tempo.

tões possa fazer com que alguns leitores achem que quase não há história aqui. Deixar o privilégio desta dúvida de lado, no entanto, revelará todo o espaço que é ocupado pela ideia de quem é a puta. Em vez de temer o que podemos estar perdendo, eu prefiro seguir adiante.

Capítulo IV – O debate

O debate acerca da profissão do sexo, não importa o quão simpáticos ou sinceros sejam os seus interlocutores, é um espetáculo. Ele atrai o público usando como isca uma crise – *a prostituição está tomando a nação*! – e a promessa de atingir um objetivo nobre fazendo as pessoas se sentirem péssimas. Histórias tristes sobre o trabalho sexual são apresentadas como lantejoulas, expostas para serem admiradas e então varridas do palco quando acaba o espetáculo. Como brinde, os organizadores podem até escolher convidar uma puta, usada como um *token*, para fazer sua performance.

Eis as perguntas que serão apresentadas a ela:

- A prostituição é uma violência contra a mulher?
- As prostitutas são "exploradas" ou "empoderadas"?
- Quais são os fatores que levam as mulheres (e são sempre mulheres, e, na maioria das vezes, mulheres cis) a entrarem ou serem forçadas a entrar no mundo na prostituição?
- E "os homens" / "os clientes" / "o lado da demanda"?
- Como podemos ajudar mulheres a "escapar" / "sair" / "deixar" a prostituição?
- Como podemos "dar visibilidade" a "esse problema"?

E aí temos as perguntas que raramente são trazidas para o debate, as perguntas que a profissional deve fazer sozinha:

- Como definimos "prostituição"?
- Como as pessoas que vendem sexo a descrevem?
- Quais são os fatores que levam as mulheres a *não* vender sexo?
- Quais são os fatores que levam as mulheres a se opor à prostituição?
- Como podemos ajudar mulheres (e qualquer outra pessoa) a entender melhor a realidade da venda de sexo?
- Como podemos assegurar que profissionais do sexo estejam liderando debates públicos sobre "esse assunto" – ou seja, sobre suas próprias vidas?

Deveríamos, na verdade, nos recusar a debater. A profissão do sexo em si e, por serem inseparáveis dela, as vidas das profissionais não estão disponíveis para debate – ou pelo menos, não deveriam estar. Não consigo imaginar que as pessoas no campo da antiprostituição que fomentam esses tipos de debate realmente pensem que estão levando em consideração a humanidade e o valor das pessoas que atuam na indústria do sexo. (Isso pressupõe, é claro, que exista um campo da antiprostituição coerente, mas, por razões argumentativas, vamos limitá-lo às feministas antiprostituição e aos seus aliados congregados informalmente na esquerda secular.) A própria realização de um debate parte do pressuposto de que eles mesmos são parte de um grupo que realmente se preocupa com prostitutas. Eles podem considerar o propósito do debate da prostituição como uma oportunidade para desafiar mitos e pressupostos, para demonstrar o seu domínio sobre o assunto, talvez até para "conscientizar" as pessoas.

O que constitui a natureza dessa conscientização, particularmente no que diz respeito à natureza permanente e onipresente da prostituição, pornografia e outros tipos de sexo comercial? As pessoas que visam dar visibilidade ao tema ainda contam com a fome social pelos relatos sórdidos e detalhados, assim como contam com a ordem social que restringe as oportunidades das próprias profissionais de falar sobre a sua própria realidade. A combinação desses fatores impulsiona a demanda para as produções dos debatedores.

Para pôr mais lenha na fogueira, eles erguem *outdoors* na beira das estradas, com fotos em preto e branco de meninas amedrontadas com letras em vermelho que dizem: NÃO ESTOU À VENDA. Contratam caras de Hollywood tipo Ashton Kutcher e Sean Penn para filmar vídeos virais com anúncios de utilidade pública para o YouTube, nos quais eles dizem aos fãs: "Homens de verdade não compram meninas". Ocupam colunas no *New York Times* com tipos como Nicholas Kristof, que deleita seus leitores com histórias de missões heroicas em bordéis e favelas no Camboja e na Índia "salvando" profissionais do sexo.

A indústria da salvação, como a antropóloga Laura Agustín denomina esses esforços, deriva seu valor da produção da conscientização: ela dá trabalho aos produtores, cuja eficácia é medida pela conta subjetiva de quantas pessoas estão falando sobre eles. A conscientização serve para dar valor para aqueles que fazem a conscientização, não para aqueles que são os sujeitos da conscientização.

A conscientização sobre a prostituição não é uma atividade de valor neutro. Profissionais do sexo enxergam uma linha direta entre o dinheiro de fundações, destinados à propagandas como as que apareceram nos ônibus de Chicago – FIQUE RICO. TRABALHE COM PROSTITUIÇÃO. O CAFETÃO FICA COM OS LUCROS, E AS MULHERES PROSTITUÍDAS PAGAM COM AS SUAS VIDAS – e a alocação de recursos para a polícia de Chicago fazer a prisão de cafetões e salvar as mulheres que eles dizem ser "prostituídas". Inevitavelmente, todas essas mulheres correm o risco de prisão, não importa qual nome lhes seja dado, e isso é apenas um exemplo dos danos causados pela conscientização, a despeito de boas intenções. De acordo com o *Chicago Reporter* "Na teoria, as profissionais do sexo ainda têm menos chances de serem acusadas de delitos graves do que seus clientes que podem ser acusados de delito grave mesmo se for sua primeira passagem pela polícia por conta do Illinois Safe Children's Act [Ato de Segurança Infantil de Illinois], que passou em 2010". Mas quando o jornal analisou as estatísticas de prisão descobriu que

> os dados mostram que as acusações de crimes relacionados à prostituição estão sendo feitas quase que exclusivamente contra as profissionais do sexo. Nos últimos quatro anos, elas foram 97% das 1.266 condenações relacionadas à prostituição no condado de Cook. E os números só cresceram: condenações de profissionais do sexo aumentaram em 68% entre 2008 e 2011.

Foi nessa época que grupos antiprostituição como o Chicago Alliance Against Sexual Exploitation [Aliança de Chicago Contra a Exploração Sexual] atuaram, exigindo que os clientes fossem responsabilizados.

Com o objetivo de conscientizar, o debate se retroalimenta. A questão atual não é "como podemos melhorar a vida das profissionais do sexo?", e sim "como podemos continuar a pensar e falar sobre a vida das profissionais do sexo, continuar com nosso discurso sobre prostituição independente de quão pequena seja a participação dessas profissionais nessa discussão?". Talvez as pessoas obstinadas a debater devessem limitar o escopo de sua busca a soluções na criação de melhores maneiras de levantar esses debates e deixar as envolvidas na indústria do sexo em paz.

E em qual lado desse debate se espera que profissionais do sexo estejam?

As profissionais do sexo não deveriam ter que defender a existência da profissão para terem o direito de trabalhar livres de perigos. Para muitas, senão para a maioria das pessoas que trabalham para se sustentar, as nossas posições sobre o trabalho mudam com o passar da nossa vida profissional, ou até mesmo ao longo de cada dia de trabalho. Sendo assim, as experiências das profissionais do sexo não podem ser identificadas por seu posicionamento na ala das exploradas ou das empoderadas. Da mesma maneira, elas precisam de espaço para identificar, pública e coletivamente, o que elas querem mudar sobre como são tratadas como profissionais, sem ter que ouvir que a única solução é deixar a indústria. Suas reclamações sobre o mercado do sexo não deveriam ser entendidas, como frequentemente são, como prova da vontade de deixar a profissão. As reclamações são comuns a todos os trabalhadores e não deveriam ser encaradas de forma diferente apenas por envolverem a indústria do sexo. Como a jornalista trabalhista Sarah Jaffe disse sobre suas dificuldades quando era garçonete, "ninguém queria me salvar da indústria do restaurante".

O debate acerca da prostituição contemporânea pode até parecer ter se deslocado das preocupações dos reformadores morais no fim do século XIX e no começo do XX, mas a pergunta foi levemente reformulada de "o que vamos fazer em relação à prostituição?" para "o que vamos fazer em relação às prostitutas?". No século XXI, de acordo com os herdeiros da batalha pela higiene moral, isso é visto como uma maneira de se concentrar na prostituta como vítima, e não como criminosa. Não culpe as profissionais se elas não querem a atenção daqueles que se recusam a escutar.

Longe de abordarem as vidas das pessoas que trabalham com sexo, os debates são uma oportunidade para os oponentes da prostituição apresentarem suas próprias contribuições intelectuais, políticas e morais para "resolver esse problema". Quando a prostituta feminista e fundadora do COYOTE, Margo St. James, quis debater com a ativista antiprostituição Kathleen Barry, em uma das primeiras conferências mundiais de tráfico de pessoas, em 1983, Barry respondeu que seria "inapropriado discutir escravidão sexual com mulheres prostitutas". Essa mentalidade perdura até hoje, com grupos antiprostituição alegando que as profissionais do sexo que querem participar de seus fóruns "não são representativas", que são membras de um "*lobby* da indústria do sexo" ou que estão trabalhando em função de "cafetões e traficantes" – isso se elas mesmas não forem acusadas de cafetinagem e exploração de outras mulheres. Durante a minha cobertura jornalística sobre as ativistas proibicionistas, fui acusada de só conseguir publicar meus trabalhos por estar sendo paga por cafetões. (Então os cafetões estão roubando os salários das profissionais do sexo para dar o dinheiro para jornalistas?)

Mais tarde, Barry fundou a Coalition Against Trafficking in Women [Coalizão Contra o Tráfico de Mulheres], que introduziu a noção vaga de "exploração sexual" nas políticas antitráfico das Nações Unidas e dos Estados Unidos, conceito que passou a ser usado para descrever todo tipo de sexo comercial, estando ou não presentes força, fraude ou coerção. A famosa lei antiprostituição sueca, que criminaliza os homens que compram sexo, frequentemente descrita como uma vitória feminista e que Barry e suas aliadas proibicionistas da Equality Now [Igualdade Agora] e da organização European Woman's Lobby [Lobby Europeu das Mulheres] (EWL) apresentam como a legislação ideal, foi criada sem nenhuma contribuição significativa das trabalhadoras da indústria do sexo. Em contraste, a criação do modelo da Nova Zelândia de descriminalização da prostituição foi protagonizada por profissionais do sexo, e desde então ele é avaliado com a sua participação (e é, no geral, tido como satisfatório). Em vez de evoluir para envolver as profissionais do sexo na política, no entanto, a reação negativa é quase constante. A Suprema Corte do Canadá admitiu um caso que poderia levar à revogação de leis contra a prostituição e, na fase recursal, a mesma corte se recusou a ouvir os depoimentos de organizações de ativismo e advocacia lideradas pelas próprias profissionais do sexo.

Temos que redesenhar as linhas do debate sobre prostituição. Ou as prostitutas estão presentes no debate ou não estão. As profissionais estão cansadas de receber convites para investigar as políticas de suas próprias vidas publicamente quando isso significa apenas servir como acessório para as políticas de outras pessoas. A editora da influente antologia *Whores and Other Feminists* [Putas e outras feministas], Jill Nagle, escreve: "pode-se dizer que a produção do discurso feminista sobre prostituição por não prostitutas aliena as próprias profissionais do processo de sua representação". Não só as profissionais do sexo são usadas como figuras abstratas para ajudar feministas a "darem uma voz àquelas que não têm", como também essas mesmas feministas ficam livres para ignorar o conteúdo do discurso dessas trabalhadoras.

Quando colocamos as profissionais do sexo nesse papel, como um ícone mudo ou um mero instrumento, é o trabalho da facção antiprostituição em ação que denuncia a situação das profissionais do sexo, ao mesmo tempo que as relega ao papel que insiste em colocá-las como fundamentalmente passivas na prostituição. O paralelo se torna ainda mais condenatório quando as profissionais recebem comparativamente pouco por sua participação em debates.

A demanda por "demanda"

A história da prostituição que ocasiona e resulta desses debates são de contágio moral e pânico elitista: a indústria do sexo está em todo lugar, está crescendo, está fora de controle, faz muitos bilhões de dólares por ano. A profissão do sexo vai pegar a sua filha, está no seu quintal, e se ainda não pegou e não chegou é porque ainda está por vir. DAS MENSAGENS INSTANTÂNEAS AO PESADELO INSTANTÂNEO! Denunciam os anúncios do escritório do promotor da Flórida; uma jovem garota treme de medo por trás do corte vermelho da manchete.

Da mesma maneira que as narrativas sobre sexo comercial refletiam, outrora, o medo das mulheres rebeldes, não civilizadas, insalubres e não feministas que o praticavam, agora elas refletem o medo da demanda do sexo comercial. Os medos se concentram na mesma coisa: o desejo e os corpos das profissionais do sexo; elas foram dispensadas de serem alvos para se tornarem vítimas que precisam de intervenção profissional. "O fornecimento interminável de vítimas não vai parar", afirma o grupo Demand Abolition [Abolição da demanda], da ex-embaixadora estadunidense Swanee Hunt, "até combatermos o que realmente move o tráfico sexual: a demanda por sexo comercial ilegal".

A demanda pelas vítimas, como são descritas por ativistas antitrabalhadoras sexuais, é impulsionada pelo desejo insaciável dos homens – não pelas demandas das próprias profissionais, por moradia, saúde, educação, uma vida melhor, uma vida mais rica, por que não dizer. O desejo masculino é visto como um problema a ser resolvido, e acabar com a "demanda" dos homens pela "compra" de mulheres é um projeto social que produzirá alternativas para os homens – como prisão – e alternativas insuficientes para as profissionais, como outras formas de emprego, por exemplo. É um problema menor e mais conveniente para se resolver: com quem e como os homens querem transar. É algo que as mulheres que se opõem à indústria do sexo e aos direitos das profissionais do sexo podem fingir que não lhes concerne, que é algo do qual elas não se beneficiam, diferentemente da pobreza e da desigualdade racial.

O desejo masculino não é a única fonte de pânico. Também causa pânico a forma como homens usam a tecnologia para, como ativistas antiprostituição dizem, comprar e vender mulheres. Hoje, a internet é o veículo sem limites para o desejo masculino comprar sexo, mas o mesmo pânico já foi alimentado pelo telefone, pois não teríamos a garota de programa sem ele, ou por anúncios de acompanhantes nas últimas páginas de jornais alternativos. Novos meios de comunicação são frequentemente acusados de influenciar e corromper os fracos (geralmente mulheres).

De maneira mais sutil, mas não menos instrumental, a profissão do sexo no novo milênio teve a ajuda da expansão das indústrias de serviço e prazer que oferecem, por exemplo, lazer durante viagens a trabalho em hotéis desconhecidos e noites solitárias. Todas as coisas que fazem um hotel ser sem graça e solitário para o viajante são também os motivos para querer povoá-lo com companhias mais agradáveis, do tipo que pode ser contratada na hora. Nesses espaços a pornografia *pay-per-view* é comum e pouco controversa (e uma grande porcentagem dos lucros de pornografia no geral, de acordo com a própria indústria, vem das corporações Marriott, Hilton e Westin); Wi-Fi grátis é outra conveniência obrigatória que, para alguém viajando sozinho e na conta da empresa, servirá para acessar pornô e anúncios de profissionais do sexo mais anonimamente.

O sexo comercial se adapta aos seus arredores sociais e econômicos, ao mesmo tempo que sua prática também influencia sua forma: o bar na cidade mineradora, o salão de dança para a classe trabalhadora e os motéis para os ricos, o apartamento privado da garota de programa em um bairro razoavelmente bom, o bar de karaokê noturno, invisível durante o dia, o cinema pornográfico 24 horas perto de grandes rodovias, o cais abandonado que volta à vida com turistas e casais, o bordel rural longe de casa, o clube de *striptease* na estrada, perto do pedágio.

Não pensamos nesses espaços como distritos da luz vermelha; os andares mais altos em hotéis executivos que só podem ser alcançados com o cartão magnético no elevador, mas é provável que seja esse o lugar onde o sexo comercial acontece, mais do que nas esquinas das ruas, se é que ainda existem esquinas perto de *shoppings* grandes e áreas turísticas onde ficam e lucram esses hotéis.

O processo de deslocamento da profissão do sexo para a esfera privada pode ser mapeado a partir de tendências mais amplas de gentrificação sexual, como identificado pela autora e ativista da HIV/AIDS de longa data Sarah Schulman. Esse processo começou muito antes da popularização da internet, e foi impulsionado tanto pelo aumento dos aluguéis quanto pela negligência do poder público em oferecer uma resposta à crise da HIV/AIDS. "É esperado, agora, que a vida gay aconteça no privado", observa Schulman sobre os bairros historicamente gays de Nova York em seu livro *The Gentrification of the Mind* [A gentrificação da mente], "pelas pessoas brancas, ricas e sexualmente discretas". A polícia trabalhou em conjunto com os gentrificadores para produzir e justificar a "limpeza das ruas". O prefeito de Nova York, Rudolph Giuliani, não precisava apenas que o departamento de polícia da cidade limpasse a Times Square, ele também precisava que a Disney se mudasse para lá. E, em certa medida, ele precisava que o Craigslist colocasse o último prego no caixão.

Por meio de leis de zoneamento e preconceitos movidos pelo medo, os negócios da indústria do sexo foram isolados dos negócios "legítimos", mas nunca completamente. Com sua mudança para espaços privados, eles não ficarão excluídos por muito tempo. A gentrificação dos distritos da luz vermelha e a migração do sexo comercial para a internet não significam o fim da indústria do sexo. Enquanto corpos reais precisarem se encontrar para realizar a transação em algum lugar, e esse lugar é sempre perto de onde as pessoas vivem e trabalham, todas essas atividades estarão acontecendo, simultaneamente, atrás de portas fechadas. Ao mesmo tempo, tudo que foi uma vez negociado nas ruas agora é feito em *sites* públicos, e sob olhares mais atentos (e curiosos) do que nunca. No entanto, também é possível que muitas pessoas experimentem a profissão do sexo, organizada *online* e conduzida no privado, sem correrem o risco de se tornarem prostitutas conhecidas. Na era da informação, esse é o tipo de privacidade que é mais preciosa do que nunca, como comentou a autora e ex-garota de programa Tracy Quan, em uma entrevista para o blogue *Tits and Sass*: "O Facebook não exista", ela ressalta, "quando as prostitutas do século XX estavam desenvolvendo sua retórica política" de sair da escuridão e estar sob os holofotes.

Será este o verdadeiro medo: não de que as pessoas estejam se tornando prostitutas, mas de que as maneiras tradicionais que usávamos para distinguir a prostituta de uma mulher que não é prostituta não funcionam mais tão bem? As leis anti-prostituição são, primeiramente, sobre exclusão e isolamento; agora como saberemos quem excluir e isolar? E da perspectiva de uma profissional do sexo (em potencial): se não é mais preciso ir para um lugar específico e estigmatizado, se você não precisa ser parte de uma rede social de outras profissionais para poder se informar, é mais fácil navegar pelos riscos sociais e materiais da profissão. Eu não acho que a profissão do sexo necessariamente tenha ficado mais segura por conta da gentrificação, mas que, assim como quando cafés e restaurantes chiques se estabeleceram em bairros que, anteriormente, eram da classe trabalhadora, a gentrificação da profissão do sexo traz consigo consumidores e trabalhadores que não teriam se aventurado nela em outras condições. Não está claro se a indústria do sexo está se expandindo, mas o seu caráter definitivamente está mudando.

Crise ou convergência

Com a descriminalização de algumas formas do sexo comercial e a formalização dos espaços de trabalho, começamos a desmontar o sistema de controle que colocava as profissionais em perigo. A transformação da indústria do sexo nos faz questionar se esses sistemas – leis que proíbem "a permanência ou circulação com intenção de contratar serviços sexuais", "viver dos lucros", "ter uma casa indecente / imoral", por exemplo – e aqueles cujo emprego é fazer valer esses sistemas ou "reabilitar" as pessoas pegas infringindo essas leis, deveriam de fato existir. A lógica por trás desses sistemas de controle, quer seja para regular, quer seja para abolir o sexo comercial, é fazer com que esse sexo seja desagradável o suficiente para impedir que as pessoas se envolvam com ele. O que foi concebido como um sistema de controle é, na verdade, um sistema que produz e distribui consequências danosas.

Algumas dessas consequências estão diminuindo, mas não por conta de uma revisão do sistema baseada em estudos ou na compaixão, mas por conta do trabalho das próprias profissionais para se adaptarem às condições da gentrificação e tornarem o trabalho mais privado: desenvolvendo negócios na internet e criando redes sociais independentes dos distritos da luz vermelha para compartilhar informações e táticas.

As sociólogas Barbara Brents, Crystal Jackson e Kathryn Hausbeck, em *The State of Sex* [O estado do sexo], descrevem essa faceta da gentrificação da indústria do sexo como uma "convergência" – uma mistura do que é visto como a indústria do sexo com as indústrias do lazer e do prazer. O conceito de convergência descreve dois movimentos quase que simultâneos. Um deles é o crescimento do domínio na economia das indústrias de serviço e lazer, em conjunto com a normalização da compra de serviços íntimos: cuidados das crianças, depilações completas, exercício com *personal trainers*. O outro é a formalização dos negócios sexuais: a consolidação corporativa dos proprietários de clubes de *striptease*, a proliferação do negócio da pornografia *online*, o crescimento de serviços de acompanhantes independentes e seus anúncios na internet.

Até mesmo a prática de encontrar um *sugar daddy* chegou ao mercado global por meio de inscrição em *sites* que parecem *sites* de relacionamentos convencionais, mas é sabido por todos que os jovens nos *sites* não namorariam esses homens se não houvesse a troca de dinheiro. Esse acordo tácito é sútil: os *sites* podem ser encontrados em anúncios ao lado de serviços de acompanhantes em tabloides gratuitos, mas sua real publicidade vem de matérias em veículos jornalísticos de grande circulação, como o *New York Times* ou a CNN.

"Ao se tornarem mais visíveis e comuns", argumentam Brents, Jackson e Hausbeck, "as práticas e o trabalho desses negócios se tornam mais rotineiros, e muitos se parecem cada vez mais com outras economias de serviço e lazer". Ou seja, a indústria formalmente conhecida como a indústria do sexo não é, como alegam os reformadores sociais antiprostituição, uma grande ameaça iminente, sempre nas margens da sociedade, que deve ser contida e domada por esforços legislativos purificantes. As margens estão mudando. A crise nunca foi da moral, e sim do dinheiro.

Capítulo V – A indústria

Não existe uma única indústria do sexo. Acompanhantes, garotas de programa, dançarinas, *performers* na frente de câmeras e *webcams* – a variedade do trabalho mostra que falar de uma única indústria é inadequado. Agrupar todo tipo de sexo comercial dessa maneira resultaria em algo tão bidimensional e raso que apenas daria forças à insistência de que todo tipo de venda de sexo é resultado do mesmo fenômeno – violência, perversão ou desespero.

Essa variedade se estende para a regulamentação e o policiamento dos espaços de trabalho, todos com graus diferentes de formalidade e legalidade. Até mesmo aqueles que operam sob a mais intensa criminalização, nos setores menos compreendidos do que chamamos de economia informal, têm meios de organização e convenção que são intencionalmente mantidos como secretos, discretos e contidos dentro da indústria. Parece até que muitos estudiosos da economia informal, que mapearam o trabalho de catadores e camelôs, de contrabandistas e traficantes, não conseguiram dar a mesma atenção para a profissão do sexo – porque é proibida, porque é trabalho de serviços e, em muitos casos, porque é uma profissão marcada como feminina. Estão confinados a uma "cidade flutuante", como descreve o sociólogo Sudhir Venkatesh em seu livro homônimo, como que fora da sociedade. Em seu livro *Stealth of*

Nations: The Global Rise of the Informal Economy [A reserva das nações: o ascenso global da economia informal], o jornalista Robert Neuwirth procura desconectar o trabalho *underground* da criminalidade, mas não para as profissionais do sexo, que estão presentes apenas como metáfora.

Vou descrever apenas um local de trabalho que foi quase inteiramente ignorado: a masmorra comercial – que, na verdade, é só uma casa em uma área residencial no subúrbio de uma grande cidade estadunidense, acessível por transporte público ao distrito de negócios e àqueles que lá trabalham. Não é um lugar marginal nem um lugar marcado por transgressões. O nome – masmorra – é só para que clientes procurando os serviços de quem trabalha lá possam saber o que esperar em vez de, digamos, um estúdio de massagem ou um clube para homens. Ninguém está de algemas e correntes além daqueles que pagam para isso, e mesmo assim só por um tempo determinado.

Em uma masmorra há muitas trabalhadoras durante cada turno, e o cliente sabe que algumas vão querer fazer o que ele quer fazer e outras não vão. A recepcionista recebe o cliente, atendendo sua ligação ou respondendo ao seu *e-mail*, e indica alguma trabalhadora com base no que o cliente quer, nas preferências da profissional e em sua disponibilidade. Algumas masmorras podem até publicar as especialidades de cada profissional em um site, e algumas têm uma pasta com essas informações ao lado do telefone. As profissionais se revezam em turnos como recepcionistas, marcando clientes para outras profissionais. Depois de cada sessão, a profissional faz uma breve anotação para que seja consultada futuramente se o cliente retornar, a fim de permitir que outras profissionais possam conhecê-lo melhor.

A masmorra é informal apenas no sentido que o trabalho que produz valor lá não é visto como trabalho de verdade. São feitas reuniões, grades de turnos e divisão das comissões com base no tempo de casa. As contas chegam e são pagas. Impostos imobiliários também. Em alguns casos, um gerente pode dar referências discretas de trabalho. E, de vez em quando, as pessoas são despedidas.

Havia um grupo de pessoas que fazia trabalho não remunerado na masmorra: os vários "*houseboys*" que ligavam, pelo menos uma vez por dia, pedindo para vir para a masmorra e fazer faxina. As mulheres que trabalhavam na masmorra sabiam que administrar as fantasias de escravos desses homens era por si só uma forma de trabalho, mas quando elas podiam mandar eles lavarem a louça, o máximo que teriam que fazer é verificar se algum copo ou garfo havia sido danificado. Nunca se pretendeu fazer disso uma declaração sobre os anos de debate feminista acerca do valor do trabalho doméstico, mas ainda assim era profundamente satisfatório fazer os *houseboys* entenderem que seu único prêmio seria a pia vazia.

Tudo isso – as anotações, as contas, a louça – é a visão que você só terá se trabalhar na masmorra, não quando estiver pagando por ela.

Do lado oposto do país, havia uma agência de acompanhantes em uma cidade universitária "operada" por R., que, na verdade, era só quem pagava pelo anúncio nas últimas páginas do jornal toda semana e o proprietário do telefone celular lá listado. As mulheres que compartilhavam o anúncio e a linha telefônica pagavam uma parcela de cada sessão de meia ou uma hora para R., o que significava que elas não precisavam estar disponíveis o tempo todo para atender ao telefone ou dar suas informações para o jornal que publicava o anúncio. Elas só apareciam no motel ou na casa onde encontrariam seus clientes. De vez em quando alguma mulher ligava querendo trabalhar com elas, e R. marcava um encontro em um café. Se elas decidissem trabalhar juntas, R. a treinava para realizar as operações. Algumas das mulheres se revezavam atendendo o telefone e marcando sessões, e, depois que aprendiam a administrar essas tarefas, acabavam saindo e indo trabalhar sozinhas.

E havia também M., que posava para alguns *sites* de "traveco".[5] Ela não usaria essa palavra para se descrever, mas uma boa quantidade do dinheiro que ela fez como acompanhante foi com homens que eram fãs desses *sites*, acompanhando-os em festas de sexo em clubes ou outros lugares semiprivados – quer eles transassem quer não, o que acontecia de vez em quando. Esses *sites* eram uma maneira de vender o seu peixe como acompanhante sem ter que pagar para ter destaque em diretórios de anúncios *online* e, quando clientes mandavam e-mails como fãs, era possível marcar encontros. M. deixava bem claro que ela seria remunerada pelo encontro também. Uma amiga dela foi pega quando um policial disfarçado entrou em contato com ela por meio de um anúncio *online* discreto, marcou uma sessão e a prendeu em seu próprio aparta-

[5] N. da E.: no original *shemale*. O termo é usado mais comumente na indústria pornográfica, e para a maior parte das pessoas é considerado pejorativo.

mento, levando também seu telefone e *notebook*. M. não tinha tanto medo de encontrar a polícia nos clubes.

E havia C., que operava um site de pornografia no apartamento onde morava com o namorado. Além de posar para sua própria pornografia, ela também recrutava outras mulheres nos fóruns em que ela postava ou por meio de amigos que sabiam com o que ela trabalhava. Quando uma modelo ia ao seu apartamento para fotografar, o único contato que ela teria com qualquer pessoa associada ao site seria com a própria C., que também atuava como fotógrafa. O computador de trabalho de C. era seu computador pessoal; seu espaço de trabalho era sua sala de estar – um sofá, uma foto no fundo, seus DVDs e seus gatos. Quando ela estava sem dinheiro para pagar modelos, ela mesma posava até conseguir mais inscrições no site. De vez em quando, seus fãs pediam que ela os visitasse em outras cidades e pagavam para que viajasse até eles e tirasse fotos de outras modelos. A renda era imprevisível, e ela trabalhava em um clube de *striptease* para complementá-la.

Apesar de essas serem algumas das formas mais visíveis da profissão do sexo – pornô, *striptease*, BDSM e programa – e cada uma oferecer um ambiente distinto do outro, não é raro que as profissionais trabalhem em mais de uma delas. É mais do que maximizar seu potencial de renda, é uma maneira de negociar os diversos graus de exposição e monitoramento que cada forma oferece. Para cada garota de programa que jamais desistiria de sua privacidade para trabalhar com *striptease*, correndo o risco de encontrar algum conhecido, há uma *stripper* que jamais desistiria de sua privacidade para trabalhar com pornografia ou ter a sua imagem na internet, e há uma atriz pornô que jamais aceitaria dinheiro em troca de sexo fora do contexto da filmagem.

Tudo isso são apenas anedotas de profissionais do sexo que eu conheci e com quem trabalhei nos últimos dez anos, na primeira década do século XXI, e nos Estados Unidos. Todas envolvem um pouco de trabalho *online* e *offline*. Cada profissional satisfaz seus clientes de maneira específica, com suas próprias convenções: *sites* vendem ensaios fotográficos e inscrições;,serviços de acompanhantes marcam encontros, clubes cobram entrada e vendem bebidas e dançarinas vendem *shows* no palco e danças em privado. Cada venda demanda habilidades diferentes, tem seu próprio movimento, suas desvantagens.

No entanto, não importa o quão distinto seja o trabalho e seu ambiente, há uma utilidade política em chamar todo esse trabalho de sexual, insistindo, ao mesmo tempo, que a profissão varia consideravelmente com o passar do tempo e o ambiente. A imagem da prostituta de rua, por exemplo, como é transmitida em relatos na mídia – uma mulher, no geral uma mulher não branca, de saia curta, apoiando-se na janela de um carro ou andando na sua direção – é uma composição poderosa, porém preguiçosa. Como protagonista do imaginário da prostituta, ela se torna a cara de todas as profissionais do sexo, uma redução do seu trabalho e de suas vidas em uma fantasia de um corpo e sua performance particular e limitada para o consumo do público. Os corpos das profissionais do sexo raramente são apresentados ou vistos como mais do que símbolos intercambiáveis – da degradação urbana, da misoginia, da exploração –, mesmo quando são sustentados por aqueles que dizem ser solidários, que querem questionar estereótipos, que querem "ajudar".

Essa personagem não chega a representar, como supostamente deveria, todas as profissionais do sexo que atuam nas ruas. Ao considerar as práticas da profissão do sexo baseada nas ruas, a socióloga Elizabeth Bernstein observa que, "é importante reconhecer o quanto as práticas e os significados do trabalho sexual variam nas diferentes regiões de prostituição", até mesmo na mesma cidade. Uma parte desse trabalho sexual pode ser descrito mais precisamente como uma troca ou escambo, como escreve Bernstein, "trocas ocasionais e auto-organizadas que geralmente ocorrem dentro das casas e comunidades das mulheres". Ela separa isso do "trabalho sexual de profissionais do sexo de carreira de rua", em que "a troca do sexo comercial é concebida como o 'trabalho' que reside na exposição pública do corpo". Essas ideias são refletidas na pesquisa sobre juventude de Chicago envolvida na indústria do sexo, feita pelo grupo popular Young Women's Empowerment Project [Projeto de Empoderamento de Jovens Mulheres]. Elas adotaram a expressão "comércio de sexo e economia de rua" para descrever e reconhecer que, para a comunidade, trocar sexo por algo necessário para sobreviver não é necessariamente visto como seu "trabalho", e isso ocorre lado a lado com outros tipos de trabalho informal, como trançar cabelos ou cuidar de crianças.

A indústria do sexo é inteiramente variada e porosa. Considere outro posto mais visível nos Estados Unidos: os bordéis legais na parte rural do estado de Nevada, nos poucos condados em que a prostituição nunca foi inteiramente criminalizada, mas a regulamentação rígida e o isolamento geográfico fazem com que seja tolerável para o público. Lá, de acordo com um estudo recente conduzido por Brents, Jackson e Hausbeck e publicado em *The State of Sex*, um terço das trabalhadoras de bordéis não haviam feito nenhum outro tipo de trabalho relacionado à indústria do sexo antes, mas chegaram aos bordéis diretamente de um "emprego de serviços não sexuais'. Três quartos das entrevistadas oscilavam entre "trabalho de verdade" e a profissão do sexo. "A venda de sexo", elas escrevem, "é frequentemente uma forma de trabalho entre uma variedade de empregos".

Quando dizemos que a profissão do sexo é parte da indústria de serviços, não o fazemos para higienizar ou elevar o *status* das profissionais do sexo, mas para deixar claro que são as mesmas trabalhadoras que oferecem serviços sexuais e não sexuais. Em seu estudo sobre *strippers* do Cinturão da Ferrugem, publicado no livro *Policing Pleasure: Sex Work, Policy and the State in Global Perspective* [Policiando o prazer: trabalho sexual, polícia e Estado em uma perspectiva global], Susan Dewey observou que a grande maioria das dançarinas – todas, menos uma – em um clube no norte do estado de Nova York tinha trabalhado fora da indústria do sexo e "muitas deixavam a indústria ocasionalmente para trabalhar nos setores de serviço, mal remunerados, em outros lugares, até retornarem, reconhecendo que preferiam o bar *topless* com a possibilidade de lucros inesperados". Para as dançarinas entrevistadas por Dewey, o trabalho *fora* da indústria do sexo que era "exploratório, excludente e sem esperanças de mobilidade social e estabilidade financeira".

Oponentes, desde o European Women's Lobby até blogueiras feministas reacionárias, gostam de alegar que profissionais do sexo insistem que "é um emprego como qualquer outro", mas as trabalhadoras sexuais não fazem essa reivindicação – a não ser que ativistas antiprofissão do sexo concordem com as profissionais de que as condições sob as quais os serviços sexuais são oferecidos podem ser tão instáveis e indesejáveis quanto fazer unhas, aplicar enemas ou trocar a fralda dos filhos dos outros.

Mas não é isso que os oponentes querem dizer quando reagem a uma frase como "um emprego como qualquer outro". Quando elas dizem "emprego", não se referem aos trabalhos informais de serviços, e sim aos seus trabalhos mais elevados na administração de projetos sociais, pesquisa e *lobby*. Salvar as profissionais do sexo é um bom trabalho para eles. Como observou a feminista anarquista Emma Goldman, em 1910, o pânico da prostituição "incentiva e ajuda a criar mais empregos políticos lucrativos – parasitas que caminham pelo mundo como inspetores, investigadores, detetives e coisa e tal". A perda da renda das profissionais do sexo era o seu ganho.

Os oponentes até mesmo tomam nossos empregos quando os ganhamos. A ativista feminista socialista e antirracista Selma James documenta em seu ensaio *Hookers in the House of the Lord* [Prostitutas na Casa do Senhor] o desmonte de um bem-sucedido projeto legal popular de profissionais do sexo em Londres nos anos 1980, para que "advogadas e mulheres feministas do *lobby* antipornô" pudessem criar seu próprio projeto sem ter que empregar as profissionais do sexo que deram início ao ativismo. "O que estamos vendo acontecer perante nossos olhos é o processo em que a luta das mulheres está escondida da história e transformada em uma indústria", escreve James, "de trabalhos para garotas".

A mensagem das feministas antiprofissão do sexo é "são as mulheres lutando contra a indústria que são a real resistência, quebrando os tetos de vidro e elevando a condição da mulher, enquanto as putas se deleitam no submundo". A teórica política Kathi Weeks observa que chamar uma mulher de puta é julgar o valor da sexualidade *e* do trabalho da mulher. As putas, ela escreve em *The Problem with Work* [O problema com o trabalho], são "figuras potencialmente perigosas que podem, a não ser que sejam excluídas com sucesso, questionar os benefícios supostamente indisputáveis do trabalho" – e da casa, da família, e o comprometimento da mulher com tudo isso. Quando as profissionais do sexo são "salvas" por reformadores antiprofissão do sexo, elas estão sendo disciplinadas, colocadas de volta no lugar correto para as mulheres boas. E isso não é só na esfera das grandes ONGs. As missões de resgate de uma única mulher tem aparecido *online* e em grandes igrejas, projetos que alegam sustentar seu trabalho pela venda de velas e joias feitas por profissionais do sexo que foram salvas. Esses trabalhos podem existir, tecnicamente, fora da indústria do sexo, mas, sem um suprimento de profissionais salvas, não haveria trabalho barato, nem velas – e não haveria projetos para os salvadores dirigirem.

Essas demandas pelo trabalho das profissionais do sexo, ao mesmo tempo que é desvalorizado, é a razão pela qual devemos insistir que o trabalho na indústria do sexo é *trabalho*. Não devemos confundir isso com um sentimento isento de críticas, como se a profissão do sexo só contasse como um "bom" trabalho se gostássemos de fazê-lo. Esperar que nós gostemos do nosso trabalho pode ser familiar para as profissionais do sexo – a gerência de um *peep show* sindicalizado no Lusty Lady tentou inserir uma linguagem no contrato que dizia que o trabalho deveria ser "divertido", e as dançarinas se recusaram a aceitar isso. Insistir que profissionais do sexo só merecem direitos trabalhistas se elas se divertem, se elas amam e se sentem empoderadas, é completamente retrógrado. É uma exigência que garante que elas nunca se sentirão assim.

Capítulo VI – O visor

O BIG BORDEL ESTÁ TE OBSERVANDO
Anúncio-paródia censurado de Margo St. James, que acompanhou sua ficha no FBI publicada em *COYOTE HOWLS* (1977)

Klute, personagem de Jane Fonda que lhe rendeu um Oscar, é uma garota de programa e está radiante o filme todo – usando um vestido prateado e decotado nas costas, no tapete felpudo de um *lounge* de drinques em uma casa de *swing*. Antes de sermos apresentados a ela, ouvimos a sua voz, sorrateiramente gravada por um homem desconhecido. A gravação, tocada em conjunto com os créditos de abertura, é uma solicitação unilateral. Ela nos assegura de que vamos nos divertir. Ouvimos sua voz, e a fita chega ao fim; estamos ouvindo uma conversa particular dela com um cliente. Podemos até achar que sabemos de algo, mas a única coisa que aprendemos é que o jeito de reconhecer uma garota de programa é quando ela não sabe que estamos ouvindo. Uma alternativa precisaria de sua participação ou de seu consentimento.

É assim que costumamos ser apresentados a uma profissional do sexo, não só em *Klute*, mas em outras mídias que retratam prostitutas, de *Memórias de uma prostituta* até as colunas de Nicholas Kristof no *New York Times*. Achamos que a conhecemos através da interpretação do autor sobre suas palavras e poses, sobre o jeito que ela escolhe se retratar para sua clientela. Os olhares do romancista, do repórter, do pesquisador se concentram na janela, física ou digital, em que ela se debruça. Além de uma história de origem apresentando a sua "vida de antes", é a isso que sua exposição se limita: a luz vermelha, a cama, os homens, o dinheiro. Todo o resto está fora de cena. Essa é sua vida inteira, até ela dar as costas a isso.

É como *Klute* nos apresenta esse estilo de reportagem, mesmo que limitado, que deveríamos recebê-lo: como um único momento na vida de uma mulher, gravado e reproduzido incessantemente.

A vigilância é uma maneira de conhecer as profissionais do sexo que une a oportunidade do voyeurismo com o monitoramento e a coleta de dados feita pela polícia, por assistentes sociais ou por pesquisadores. Mesmo sendo monitoradas, as palavras das próprias profissionais do sexo não são confiáveis sem a mediação daqueles que são, quase sempre, vistos como profissionais externos superiores. Quanto à sua motivação, esse monitoramento não foi feito para ampliar o conhecimento público sobre as vidas de profissionais do sexo, mas sim para investigar alguma forma de dano à sociedade que se acredita ser causado pela profissão.

O crescimento da AIDS ocasionou investigações desse tipo, mas não antes de usarem as profissionais do sexo como bode expiatório, como "vetores da doença" que – alegavam, usando dados mal interpretados – colocariam o público em perigo, ou seja, as famílias dos homens que compravam sexo. No livro *Sex Workers Unite* [Trabalhadoras sexuais unidas], a historiadora

Melinda Chateauvert escreve que "O estudo sobre as prostitutas não exigia que os participantes da pesquisa fossem profissionais do sexo, e a maioria das 180 mulheres que se voluntariaram nunca trabalharam nessa indústria". O estudo de 1986 nem tentou traçar a transmissão do vírus, mas sim sua prevalência em mulheres. O estudo ganhou vida própria na mídia e no imaginário público, ela diz, e "quando pesquisadores homens ficaram sabendo sobre o estudo para rastrear o vírus em mulheres, eles pressupuseram que as mulheres estudadas eram prostitutas". Esse e um outro estudo anterior de Walter Reed com soldados que relataram que contraíram o HIV após contato sexual com "prostitutas" foram caracterizados erroneamente como evidência de que as mulheres – supostas prostitutas – poderiam transmitir o HIV para homens através de sexo heterossexual. "Para os médicos do Walter Reed, era óbvio que as prostitutas eram vetores de doença", escreve Chateauvert. "Eles estavam errados, mas a ideia pegou".

Conforme fomos deixando para trás o pânico do período da crise aguda da AIDS e entramos no que Sarah Schulman chama de era da "AIDS em andamento", o novo alvo do pânico sexual é a internet. Novas tecnologias, dizem os políticos e a mídia, criaram novas formas de comércio sexual mais disponíveis do que nunca. E conforme se expandem as inovações tecnológicas que auxiliam a profissão do sexo, elas vão sendo usadas para justificar novas formas de monitoramento.

Mulheres invisíveis

A prostituta é imaginada como uma mulher invisível, sem voz, uma mulher oculta, mesmo em público, em sua nudez – em toda a sua suposta disponibilidade. Eu digo "é imaginada", mas tem muitas pessoas que participam dessa imaginação e que estão investidas nela. Lembro-me de folhear uma lista telefônica quando era criança, até chegar na seção "E" e ver os anúncios de acompanhantes [*escorts*, em inglês]. Não havia fotos de nenhuma mulher, nada explícito. As acompanhantes eram reveladas com uma *clip-art*: uma mulher de vestido longo com os ombros de fora, uma mulher branca de cabelos na altura dos ombros, seus dedos nos seus lábios. Pode ser que alguma tenha tido uma lua desenhada no fundo. Outro elemento gráfico popular da época eram as impressões de batom. Era a década de 1980, e essa era a paleta dos *designers* de listas telefônicas: ninguém criou uma *clip-art* só para acompanhantes, então todas as imagens que poderiam significar mulheres ou *glamour* ou classe apareciam juntas. Um leitor atento poderia interpretar palavras como "elite", "privado", "de luxo", e a eterna "discreta", que apareciam ao lado do batom e dos ombros nus. Eles poderiam imaginar o que quisessem.

Até mesmo nos anúncios em cores que são reproduzidos quase que infinitamente na internet, a profissional do sexo em si pode não estar presente. Existem boas razões para isso: não querer ser exposta ou não confiar que as plataformas protejam os históricos que podem fazer a conexão entre a informação de pagamento – identificação legal, um cartão de crédito – e o comprador. Por conta disso, agências de acompanhantes e de dançarinas usam fotos de bancos de imagens de mulheres que nunca trabalharam lá, e acompanhantes e modelos independentes selecionam fotos que mostram partes específicas do corpo, especialmente para atrair seu nicho: cabelos longos, seios pequenos, uma bunda redonda, pernas torneadas. Algumas profissionais, especialmente aquelas que trabalham ocasionalmente na indústria, escolhem deixar seus anúncios na internet apenas enquanto estão trabalhando. Basicamente, as profissionais do sexo querem minimizar sua exposição e preservar sua privacidade ao mesmo tempo que trabalham.

A primeira vez que eu vi anúncios *online* de profissionais do sexo, eu não conseguia acreditar que a polícia deixava isso acontecer. Eles apareciam de várias formas: fotos glamourosas com iluminação extravagante classificadas em *slides* por roupa ou tema da fantasia; autorretratos de espelhos de quartos de motéis com algumas poucas linhas de texto, um telefone e instruções explícitas para não ligar usando um número bloqueado; portfólios elaborados listando seus livros favoritos, sapatos e restrições alimentares; pedidos vagos com uma única foto impactante e um *e-mail*.

Mas é claro que a polícia se interessa pelos anúncios, mesmo que não se interesse pelas suas firulas criativas: os anúncios na internet são uma fonte constante de pessoas para serem alvos de suas operações, para monitorar as atividades de profissionais do sexo e armarem sua prisão. Os anúncios permitem que a polícia tenha uma base de dados de seus nomes de trabalho, fotos, números de celular, localização, serviços disponíveis, preços e disponibilidade. Em alguns casos, a polícia finge ser um cliente para ter acesso aos fóruns privados das profissionais do sexo, incluindo bases de dados de clientes perigosos. Uma operação típica ainda não teria essa quantidade de profissionais do sexo para serem alvo de um monitoramento tão sistemático.

E ainda assim vale a pena para as profissionais fazerem anúncios *online*, apesar dos riscos. Todo mundo sabe das dinâmicas de gato e rato que a polícia usa para perseguir garotas de programa de apartamento em apartamento, de esquina em esquina. Quando o Craigslist, o maior site de classificados grátis do mundo, se tornou um alvo, as profissionais do sexo migraram para o Backpage, um site de classificados dos proprietários do Village Voice Media, que foram os editores do venerável jornal alternativo *Village Voice.* E aí as mesmas coalizões de polícia, conservadores e feministas antiprofissão do sexo que atacaram o Craigslist foram atrás do Backpage. Parece que eles pretendem perseguir as profissionais do sexo até que elas não tenham mais nenhum lugar na internet para anunciar, mas, na verdade, seu objetivo é desgastar qualquer plataforma que considere publicar anúncios de profissionais do sexo e aumentar o custo de fazer negócios para qualquer pessoa envolvida na indústria.

"Como cafetões usam a internet para vender meninas", é a manchete do colunista Nicholas Kristof do *New York Times*, em uma de suas dezenas de colunas anti-Backpage. Uma petição do Equality Now exige que "o *Village Voice* dê um fim à sua cumplicidade na exploração e estupro de meninas e mulheres". Ativistas antiprostituição chamavam o Craigslist de "o Walmart do tráfico sexual" com tanta frequência que ficou difícil descobrir quem começou com isso, e mais ainda como chegaram a essa alegação.

É terrível, eles dizem, que qualquer pessoa esteja "sendo vendida". É assim que descrevem esses anúncios, como se vendedores e compradores os usassem para fazer um comércio de humanos. Eles não conseguem imaginar que a pessoa que faz o anúncio pode ser a própria vendedora, então miram sua raiva na plataforma, como se os "produtos" e os mercados onde os anúncios são vendidos e comprados fossem o mesmo. Na ausência do cafetão ou traficante para culpar, eles culpam a plataforma. E a solução deles? Denunciar os anúncios, agora que a publicação de um anúncio é sinônimo de vender uma pessoa, não terá nenhum efeito prático que realmente beneficie as pessoas desses anúncios.

A decisão de atacar os anúncios revela o que ativistas antiprofissão do sexo realmente pensam sobre a indústria e seu impacto na vida das profissionais. Seu foco quase pornográfico prova o que os ativistas realmente veem como a verdadeira ameaça: a visibilidade da profissão do sexo. Sua aflição tem menos a ver com a preocupação sobre como as pessoas nos anúncios são tratadas enquanto trabalham do que com a expressão de seus sentimentos negativos acerca da profissão. Mal conseguimos imaginar os horrores por trás desses anúncios, dizem os reformadores antiprofissão do sexo, e pretendemos resolver esse problema fazendo com que ninguém possa publicá-los. Por meio dessas exigências, os reformadores tomam o poder de decisão das profissionais. Na mesma medida que a internet abriu novas oportunidades para que elas pudessem controlar melhor o seu trabalho, aumentando seu acesso direto a clientes, ela também criou um lugar altamente visível e vulnerável para os ataques da polícia, de políticos e de toda sorte de ativista antiprofissão do sexo. Eles dizem estar "protegendo" as profissionais do sexo quando exigem que as plataformas se recusem a publicar seus anúncios. Contudo, para as profissionais, a perda dos lugares para anunciar seu trabalho significa a perda do controle sobre a negociação do mesmo.

E essa estratégia está, até agora, funcionando. Em dezembro de 2010, o *Village Voice* anunciou que quem quiser publicar anúncios adultos no jornal terá que usar "fotos de rosto" ou fotos que mostram claramente o rosto da profissional do sexo. "A carne. Não somos contra ela no *Village Voice.* Na verdade, acreditamos ser uma das melhores coisas de estar vivo. Mas você encontrará menos dela nessa edição. E não é por acidente", anunciou o novo editor em um comunicado, que não deve ter sido aprovado por nenhuma feminista do escritório (ou mesmo pelo Google), chamado "Nossos corpos, nós mesmos". É lamentável que o *The Voice* tenha sucumbido aos desejos das pessoas que são contra a existência da profissão do sexo. Mas pedir que qualquer profissional que queira publicar um anúncio mostre sua cara? A nota do editor continua:

> Muitos de nós, do *Voice*, gostaríamos que esses anúncios sumissem. E eles continuam migrando para a internet, então pode ser que isso aconteça logo. Não há dúvida de que nossas novas regras nos farão menos atraentes para esse tipo de consumidor. É um preço que estamos dispostos a pagar.

E que preço, hein? Um que o *The Voice* pode jogar, em conjunto com a humilhação e ameaças de ação jurídica, em cima das profissionais do sexo. "Nossos corpos" coisa nenhuma.

Onde essa estratégia não rende facilmente os resultados esperados pelos ativistas é no âmbito jurídico. As poucas leis que conseguiram fazer passar que têm como alvo plataformas *online* para anúncios de profissionais do sexo se depararam com a resistência bem-sucedida não só do Backpage, mas também do Internet Archive, ambos representados pela Electronic Frontier Foundation [Fundação Fronteira Eletrônica]. No estado de Washington, um juiz entendeu que uma lei contra anúncios de profissionais do sexo que estava redigida de maneira tão vaga e ampla que poderia atingir todo e qualquer discurso *online*. No Tennessee, um juiz declarou que até mesmo uma tentativa de se concentrar no aspecto de "tráfico sexual" em anúncios poderia abrir espaço para atacar todos os anúncios de profissionais do sexo, e que "o estado não deve usar um facão para resolver um problema que precisa de um bisturi".

Enquanto os ativistas culpam *sites* como o Craigslist e o Backpage tanto pelo crescimento da indústria quanto pelos danos relacionados a ela, eles o fazem *para* as profissionais do sexo, e não *com* elas. As campanhas usam as imagens das profissionais como prova, mas as próprias profissionais são ignoradas. A prostituta é imaginada pelos (autodenominados) defensores de sua dignidade; ela não pode falar por si. Ela precisa de muitos intérpretes. Além das feministas antiprostituição terem tentado eliminar os anúncios das profissionais do sexo, elas também manipularam os anúncios, transformando-os em dados para apoiar suas ações. Uma organização de Atlanta, com o nome criativamente condescendente A Future, Not a Past (AFNAP) [Um Futuro, Não um Passado] contratou uma empresa de pesquisa de mercado para conduzir uma pesquisa sobre prostituição no site Craigslist. Os "pesquisadores" da empresa, The Schapiro Group, que nunca tinham feito pesquisas sobre prostituição, se arrastaram pelo mar de anúncios, analisando minuciosamente as fotos e os textos e, baseados somente nesse conteúdo, adivinharam a idade de cada pessoa no site. Não importa que os anúncios do Craigslist possam ser postados várias vezes por dia, ou que cada anúncio não corresponda necessariamente a uma pessoa – ou mesmo a uma pessoa de verdade. Anúncios-fantoche e repetidos fazem parte do negócio. Isso escapou ou simplesmente não preocupou o AFNAP, que publicou seus resultados junto com uma "caixa de ferramentas" luxuosamente produzida, enfeitada com uma foto de uma mulher jovem, cabisbaixa, coberta com um capuz, com a legenda "pare de prostituir as crianças de nossa nação".

Baseado nessa apuração amadora do Craigslist, assim como na monitoração de "atividades de rua" e "hotéis", o AFNAP declarou que "entre 200 e 300 meninas são exploradas para o sexo comercial todo mês na Geórgia, 'incluindo' aproximadamente de 100 a 115 meninas [que] são disponibilizadas em anúncios no Craigslist.org todo mês, com resultados lucrativos", como relataram para o legislativo estadual da Geórgia para incentivar legislações antiprostituição mais severas no estado. Essa "metodologia" repetiu-se em estudos semelhantes em Minnesota, Michigan e Nova York, apoiados pela Women's Funding Network [Rede de Financiamento para Mulheres], cuja diretora, Deborah Richardson, se utilizou dos números para alegar, frente a um subcomitê de investigação do Craigslist do Judiciário da Câmara, que "nos últimos seis meses, o número de meninas menores de idade traficadas *online* aumentou exponencialmente em três estados distintos". Ela não mencionou que o aumento "exponencial" foi medido com base na contagem de quantos homens responderam a anúncios falsos criados por pesquisadores do Grupo Schapiro, usando fotos de mulheres com aparência jovem, e não em relatos reais do tráfico de menores de idade. Esse perambular bem-intencionado pela luz vermelha tem sido o esplendor da ciência, pagando pelas semanas que os pesquisadores passaram procurando e analisando os anúncios, da mesma maneira que fazem os clientes.

Vizinhos da luz vermelha

Um equivalente *offline* (e melhor) a perambular pela luz vermelha pode ser o relato de uma fonte interna do Samuel R. Delany. Sua observação participativa da Times Square nos seus últimos suspiros pré-Disney diz respeito tanto aos cinemas de pornô quanto ao que eles significavam para as pessoas que os amavam. *Times Square Red, Times Square Blue* [Times Square Vermelha, Times Square Azul] mapeia as várias formas e locais de trabalho – teatros, barraquinhas de comida, lojas de câmeras, estandes de engraxates, garotas de programa – e os tipos de pessoas que os frequentam, incluindo o próprio Delany, e seu carinho pelos cinemas de pornô e os encontros sexuais anônimos que eles possibilitavam. Para Delany, o valor de um distrito da luz vermelha como o que ficava entre a rua West Forty-

-Second e a Eighth Avenue não é só o prazer sexual, apesar de ser isso também. O distrito sinaliza a possibilidade de contato – físico, mental, espiritual – que atravessa classes sociais.

Eu trabalhei só em um distrito da luz vermelha, a North Beach de São Francisco, que ainda tem seus clubes de *strip-tease* e *sexshops*, coroados pela lendária livraria e editora City Lights, que publicou e defendeu *Uivo*, de Allen Ginsberg, no canto sudoeste da cidade, e perto do Caffe Trieste, que tem uma *jukebox* que toca ópera, com homens idosos sem nada para fazer além de ler o jornal o dia inteiro. Nas ruas entre elas – Broadway, Kearny, Stockton – aglomerados de turistas oscilam entre os tradicionais restaurantes italianos, cobertos de alho e rosas, e lojas de bolinhos asiáticos, com frangos inteiros pendurados nas vitrines. O neon roxo marca os negócios de sexo, lado a lado com *hostels*, bares, lojas de esquina e cafés. Somos todos vizinhos.

Esqueça as particularidades do trabalho feito dentro do The Hungry I ou o Lusty Lady ou do Garden of Eden e aprecie as condições do nosso bairro. Você pode pegar um ônibus para seu trabalho, sair rapidinho para comer um *croissant* no Happy Donut ou uma pizza no Golden Boy, comprar uma revista ou lâmina de barbear na loja de esquina no caminho de volta para casa. A possibilidade de contato humano era real fora do espaço de trabalho, o dia ou a noite toda. Não era necessário dirigir até a zona industrial na periferia da cidade, e você tinha outras razões plausíveis para estar no bairro; você era anônimo e estava seguro daquele jeito que se está em uma cidade. Você, como todos os outros que estavam e pertenciam ao bairro, era mais um par de olhos na rua.

Quando a seção de serviços eróticos do Craigslist foi lançada, não era o primeiro site em que as profissionais do sexo podiam publicar anúncios procurando clientes, mas certamente foi o primeiro a se assemelhar dessa forma com a geografia dos distritos da luz vermelha que o precederam. Lembre-se de que a Times Square não tinha só negócios da indústria sexual; como Delany retratou, o bairro era um espaço diversificado: de lojas baratas de eletrônicos e joias, hotéis que ofereciam quartos pequenos para uma pessoa, trabalhadores na rua vendendo sexo de maneira informal a pessoas vendendo *kebabs* e jornais. Por mais que seja ameaçador que um site como o Craigslist forneça um espaço para anúncios de comércio sexual, talvez seja mais ameaçador que os anúncios de comércio sexual estejam ao lado de anúncios de qualquer outro tipo de produto ou serviço imaginável. Em vez de segregar o comércio sexual, o Craigslist fez das profissionais do sexo vizinhas.

Mas considere isto primeiro: todo comércio sexual é tecnológico. Antes da eletricidade, os primeiros *peep shows* operavam à luz de velas. Antes dos telefones, até mesmo dos telégrafos, as prostitutas carregavam cartões de visita consigo. Na Grécia Antiga, certas classes de prostitutas talhavam "siga-me" nas solas das sandálias para atrair clientes, deixando uma trilha pelas ruas da cidade. A prostituição em si é uma tecnologia ou um sistema de comunicação, tanto quanto, e às vezes até mais, do que um sistema para organizar a sexualidade. São sinais. Passeie por um distrito da luz vermelha na sua mente e você não verá sexo – só luzes vermelhas.

Até mesmo a expressão "distrito da luz vermelha", pelo que sabemos, vem de uma forma de comunicação que dizem ter se originado entre os trabalhadores das ferrovias na virada do século XX. Eles deixavam os sinais de luz vermelha do lado de fora das portas dos quartos das mulheres que eles contratavam entre turnos caso seus supervisores precisassem chamá-los de volta.

Agora, quando ouvimos histórias sobre o distrito da luz vermelha, elas provavelmente não serão contadas por pessoas que compram ou vendem serviços sexuais. O distrito da luz vermelha do imaginário de hoje é a província da classe do monitoramento – a polícia e os políticos, os pesquisadores e os repórteres. De suas bocas, o distrito da luz vermelha *online* é raramente retratado como um termo de valor neutro usado para descrever um tipo de atividade comercial na internet, é, sim, usado para transmitir a imagem do que devemos enxergar como um crescimento e uma propagação preocupantes do sexo comercial, apesar de oferecerem poucas provas para demonstrar esse aumento. Eles pegam suas provas de uma tautologia que é atraente para aqueles que só podem saber por meio da vigilância: a internet deixa a venda do sexo mais visível, e, sendo assim, a internet deve ser a causa do aumento de pessoas que compram e vendem sexo, porque agora nós conseguimos ver mais. A verdade é que não sabemos ainda como ou até mesmo se a internet ampliou os mercados do sexo comercial. Mas ela certamente permite que mais pessoas deem uma olhadinha nele.

É sedutor imaginar que poder navegar pelas vitrines dos negócios da indústria do sexo sem ter que sair de casa e sem ser visto significa que temos acesso à verdade sobre o sexo comercial. Para que folhear as páginas de anúncios do jornal (não que ainda existam muitos) quando se tem a internet? Você pode acessar o Livejasmin.com, onde um mosaico de fotos de mulheres ganha vida enquanto você passa o *mouse* por cima delas na *homepage*, com dezenas de *feeds* de vídeos de todas as profissionais disponíveis onde quer que estejam, e bem aqui no fuso horário universal do *show* de sexo ao vivo.

Tanto o *design* dos *sites* quanto as vicissitudes do mercado de nudez feminina ao vivo significam que as mulheres, em sua maioria jovens, que posam para *webcams* no site, parecem estar sempre *online* e disponíveis. Algumas das mulheres parecem olhar diretamente para você (ou para suas *webcams*) mas outras olham para os lados; elas não estão evitando você, estão só distraídas com sua tela do computador, com alguma outra coisa enquanto passam o tempo não remunerado entre os *shows* privados comprados por visualizadores. (No *peep show*, as profissionais do sexo passavam o tempo livre escutando rádio, e, quando os clientes apareciam, elas diminuíam o volume com o dedo do pé enquanto posavam seus corpos de maneira atenciosa).

Quando a oportunidade para o voyeurismo é o seu produto, tolerar o olhar de qualquer um que não esteja pagando por isso causa a sensação de que você está sendo roubada. Tem uma certa quantidade de *shows* que a profissional deve disponibilizar de graça, mas existe um limite entre a atenção de um cliente em potencial e a carência de alguém que só vai fazer você perder seu tempo. Esses interlocutores dos negócios sexuais, esses *flâneurs*, e em especial aqueles que sentem que não deveriam ou que não vão pagar, provavelmente serão tratados como tal. A preservação de sua propriedade não é desculpa.

Ter algo a oferecer – dinheiro – é o que faz de você um bom cidadão do distrito da luz vermelha.

Podemos dizer que os *peep shows*, cinemas pornôs e o comércio sexual de rua, em especial aqueles que são conduzidos em bairros de uso misto, estão sendo deslocados por conta de diretórios de anúncios e *sites* de *webcam live*. Mas mais especificamente: os mercados sexuais da internet estão prosperando nos espaços vazios deixados pelas campanhas de gentrificação que colocaram os negócios sexuais que ali viviam em perigo. Os espaços físicos não existem mais, e pode ser que nunca mais existam: o encontro sexual anônimo é cada vez mais mediado pelo digital.

Essa mediação só amplifica o poder da produção do mito sobre o distrito da luz vermelha *online*. Não é fixo em algum lugar específico, e sim uma rede de sinais e solicitações. No século XVIII, usava-se o eufemismo cortês "mulher pública" para fazer referência àquelas que eram supostas prostitutas. Que espaço público restou para as mulheres públicas? Na página inicial cintilante do site Livejasmin, o resto do público pode imaginar – do jeito que só aqueles com lampião de gás podiam imaginar – os corpos iluminados, esperando que alguém deposite a moeda para ela voltar à vida.

Então é tudo isso, e não só a internet, que impulsiona o distrito da luz vermelha *online*, ao ponto que existam: a confiança no monitoramento para conhecer as profissionais do sexo, o uso de formulários *online* como solicitação e a gentrificação dos distritos de concreto da luz vermelha através de policiamento e do capital. Tudo isso significa que, quando pensamos sobre pessoas que não se engajam com o sexo comercial, mais comumente conhecido como o público geral, a probabilidade delas conhecerem uma profissional do sexo no mundo físico é bem menor, e é mais provável que elas coletem as informações sobre a profissão do sexo de um texto de *marketing* escrito para os clientes dessas profissionais.

Na era do distrito da luz vermelha *online*, todo mundo se tornou cliente.

Capítulo VII – O estigma

Então por que eu não quis escrever esse livro? Porque já tem muita coisa escrita sobre a indústria do sexo. Eu sei porque, antes de começar a dançar, eu li tudo que pude encontrar sobre o assunto. Infelizmente, muito do que está disponível é enganoso. A maioria da literatura ou mistifica ou demoniza a profissão do sexo. Não tem nada sobre como era ou o que acontece com você... Por mais que eu não goste de me identificar tão intensamente com o que eu faço para viver, eu tenho que escrever isso. Talvez, então, eu consiga escrever outras coisas.

Janet, zine *Rocket Queen*

As putas foram as primeiras a teorizar que todas as mulheres vivem sob a condição que elas chamam de "estigma de puta". Proposto como uma intervenção feminista, o estigma de puta dá mais uma razão pela qual não existe uma classe feminina universal. "O estigma da puta", afirma Gail Pheterson em seu ensaio de 1996 *The Prostitution Prism* [Sob o prisma da prostituição], "não é associado somente à feminilidade, mas sim à feminilidade ilegítima ou ilícita. Em outras palavras, ser mulher é uma pré-condição para receber o rótulo de 'puta', mas nunca a única justificativa".

As profissionais do sexo, em conjunto com muitas pessoas que não fazem parte da indústria, são expostas ao estigma de puta ao romper, ou parecer romper, com o que Jill Nagle chama de "virtude compulsória". É uma variação da expressão "heterossexualidade compulsória", que serve para apagar as lésbicas. Nagle escreve que o estigma da puta é "um mandato não só para *ser* virtuosa, mas também para *parecer* virtuosa". Assim como com a heterossexualidade compulsória, a virtude compulsória não diz respeito somente a produzir um grupo de comportamentos (transar com homens, ser uma boa menina), mas produzir um sistema de controle social (punir LGBTQ+, prender putas). "Não é preciso ser realmente uma puta para sofrer o estigma e a punição de uma puta", diz Nagle. Dar nome ao estigma de puta nos mostra um caminho para lidar com ele: valorizar a diferença, desenvolver solidariedade entre mulheres tanto dentro quanto fora da indústria do sexo.

Juntamente com a expressão profissão do sexo, o estigma da puta se situa explicitamente no feminismo de profissionais do sexo, aquele que reconhece que mesmo que só algumas mulheres sejam profissionais do sexo, todas nós lidamos com o estigma da puta. As ações de solidariedade de putas precedem o vocabulário que as descrevem, como a ocupação de uma igreja em Londres em 1982, organizada pelo English Collective of Prostitutes [Coletivo Inglês de Prostitutas] (ECP). "Compramos cinquenta máscaras pretas", escreveu Selma James, na época a porta-voz do coletivo. "Assim, as mulheres prostitutas e não prostitutas não seriam identificáveis, e as fotos veiculadas pela mídia não nos colocariam em risco". Membros das organizações Women Against Rape [Mulheres contra o Estupro] e Black Women for Wages of Housework [Mulheres Negras pela Remuneração do Trabalho Doméstico] entraram na igreja junto com elas. "Não tínhamos certeza sobre nossa segurança", James escreve, "e ficamos felizes de ter dois grupos de mulheres 'de bem' conosco". Mesmo aquelas que não são putas podem resistir lado a lado com putas, usar sua respeitabilidade para ajudar seus esforços e vontades de não serem mais identificadas com elas.

Essa é uma das contribuições fundamentais das feministas profissionais do sexo ao discurso e ativismo feminista: desafiar o estigma da puta em nome de todas que vivem sob ele. A popularização do estigma da puta ecoa de maneira mais branda na indignação causada pelo "*slut shaming*".[6] O que se perde, no entanto, em passar do estigma de puta para o *slut shaming*, é a centralidade das pessoas que mais sofrem com essa forma de discriminação.

Há um ar de alarme nas respostas de algumas feministas ao *slut shaming*, de distância assumida, de que a culpa do *slut shaming* é um tipo de erro de classificação: *não, ela certamente não é uma "puta"!* Isso preserva a ideia de que a puta é desprezível em vez de se concentrar naqueles que atacam as mulheres que violam a virtude compulsória – por ser barulhenta demais,

---

[6] N. da E.: em tradução livre "tachar de puta" ou "de vadia" (do inglês, *slut*, gíria que pode ser traduzida como vadia, puta e *shaming*, de *to shame*, verbo que significa "envergonhar". O *slut shaming* é uma forma de estigma social aplicada a pessoas, especialmente mulheres e meninas, que não se enquadram nas expectativas tradicionais de comportamentos sexuais, seja violando os códigos de vestimenta aceitos como decentes, por defender o controle de natalidade, ter sexo casual antes do casamento e com diferentes parceiros, etc

com muitas opiniões, negra demais, *queer* demais. A palavra *puta* pode parecer ampliar a gama daquelas que são afetadas, mas, na verdade, ela só torna a puta invisível. O estigma da puta centraliza a hierarquia racial e social e reforça a divisão das mulheres, separando-as em puras e impuras, limpas e sujas, as brancas e virgens e todas as outras. Se a mulher é a outra, a puta é a outra da outra.

Estou me lembrando da primeira vez que vi um protesto da Marcha das Vadias, em Las Vegas, no verão de 2006, durante a primeira reunião nacional de ativistas profissionais do sexo desse século. A Marcha das Vadias ainda não tinha sido criada. Só quatro anos depois o policial de Toronto Michael Sanguinetti explicaria a um grupo de universitárias, com o tipo de desprezo conhecido pelas profissionais do sexo, que "mulheres devem evitar se vestir como puta para não serem vitimizadas". A Marcha das Vadias foi, à sua maneira, uma reação à repressão policial, apesar de ter sido criada por mulheres que presumiram, diferentemente das prostitutas de São Francisco e Londres, que a polícia lhes daria ouvidos.

Não deveria ser surpreendente que as primeiras críticas à Marcha das Vadias foram mulheres não brancas e mulheres envolvidas na indústria do sexo. Ao ler o grito de guerra da Marcha das Vadias, escreveu Brittney Cooper, do Coletivo Feminista Crunk:

> Fiquei embasbacada com a indignação das mulheres por serem chamadas de putas. Apesar de muitas mulheres negras já terem sido chamadas de putas, eu acredito que as histórias das mulhe-

> res negras são diferentes, que a sexualidade feminina negra sempre foi vista de fora como perversa, hiperbolizada e excessiva.

Para algumas mulheres brancas, *puta* transgride um limite que elas nunca imaginaram que ultrapassariam. Mulheres não brancas, trabalhadoras, *queers*, para começo de conversa, nunca presumiram existir esse limite.

Em Las Vegas, no ato das próprias profissionais do sexo, manifestantes estavam vestidas com todos os tipos de fantasias que agora associamos com a Marcha das Vadias – meia arrastão, corpetes de couro e PVC, *hot pants* brilhantes e saltos-plataforma – com cabelos rebeldes e placas e *slogans* escritos nos peitos e barrigas (mais uma homenagem a uma prática feminista antiga: à *riot grrrl*, ou pelo menos às fotos de *riot grrrls* que circulavam, já que poucas das manifestantes estiveram presentes na época das *riot grrrls*). Marchando de cassino em cassino, as profissionais do sexo tomaram conta das calçadas esculpidas da cidade, distribuindo panfletos para turistas e para as poucas profissionais do sexo que também estavam nas ruas – mas que, já que estavam nas ruas a trabalho, estavam vestidas de maneira mais conservadora. Vestidas e agindo de maneira descarada, como jamais poderiam se estivessem trabalhando nas mesas e *lounges*, as manifestantes eram mais chocantes aos homens trabalhando na vigilância dos cassinos e hotéis, e no Caesars, e, apesar da intervenção de um advogado do ACLU que estava acompanhando o ato, elas foram escoltadas para fora. Não é que eram putas, já que putas são claramente permitidas em cassinos de Vegas. É a maneira que elas estavam sendo putas, na cara do público: é por isso que elas foram removidas.

No hotel Wynn, a caminho de uma festa depois de uma conferência de profissionais do sexo, com a ativista e artista Sadie Lune e uma assistente social da Enfermaria St. James (uma clínica de saúde para profissionais do sexo), um ascensorista nos parou, perguntando se estávamos indo para "uma festa". Respondemos que sim, "mas...", e ele começou a explicar gentilmente que, se tivéssemos ligado antes, ele teria organizado a nossa subida pelo elevador VIP. "Não, não, não estamos aqui para", uma de nós começou a explicar, "esse tipo de festa...", seguida por um "não que tenha algo de errado com isso" – e não que ele estivesse errado sobre nós – "mas...", em vez disso, deixamos por isso mesmo e subimos no elevador para todos, menos para putas.

"Como era ou o que acontece com você"

Quando o público é preparado para esperar uma puta sofredora e pobre, compreendemos por que algumas profissionais do sexo públicas se esforçam para criar uma contranarrativa: nunca ter a aparência de uma prostituta. As conversas com elas são sempre guiadas para falar sobre como foi empoderador ou como elas são sobreviventes. É preciso convencer o público de que elas sempre tiveram suas vidas nos eixos, como estão hoje e como são diferentes das *outras meninas*, seja lá quem sejam essas outras.

De vez em quando isso prejudica a solidariedade, como criticar a "fiscalização de buceta" e então fiscalizar bucetas. Isso é apenas uma reorganização da hierarquia de sexo e gênero dos marginalizados, em vez de recusar qualquer hierarquia em primeiro lugar. Existe o risco de reinventar a hierarquia virgem-puta dentro da indústria do sexo, mesmo se – para o resto do mundo – todas nós pudéssemos ainda ser putas.

Falar a verdade pode ter custos coletivos. Quando a história de cada profissional do sexo carrega dentro de si a exigência de corrigir a história, cada uma já tem uma resposta pronta. "Não é como em *Uma linda mulher!*", alguém reclama, como se qualquer um, fora o pessoal de relações públicas de cinema, tivesse dito algo do tipo. E continuam, "nem todas não são *Happy Hooker*! [A prostituta feliz]" – mas nem mesmo a *happy hooker* da vida real era uma puta feliz. Leia o *best seller* de 1972 de Xaviera Hollander e você não terá posto um pé dentro de seu bordel sem ser primeiro guiado por apartamentos e relacionamentos surrados e insatisfatórios e homens nojentos posando como policiais nojentos, conspirando para perseguir e extorquir a autora. As pessoas mais responsáveis pela manutenção do mito da puta feliz são aquelas que estão mais convencidas de sua infelicidade.

Lembre-se da professora que apareceu na capa do *New York Post*, no final de 2010, fotografada sem seu consentimento a caminho do trabalho. Em conjunto com as fotos publicadas pelo *Post*, eles a chamaram de "professora prostituta", humilhando-a por publicar um ensaio criticando a campanha para desativar os anúncios de profissionais do sexo no Craigslist e fazendo menção à sua profissão anterior de acompanhante. Ela não gostava do seu trabalho o tempo todo, escreveu, mas era um trabalho, e o Craigslist foi a sua maneira de negociar seu trabalho em seus próprios termos. A professora, chamada Melissa Petro, nunca falou para seus alunos que tinha sido profissional do sexo ou discutiu sobre a profissão na sala de aula. Não havia nenhuma reclamação sobre sua atuação. Foram as fotos e manchetes do *Post* que fizeram com que ela fosse "realocada para funções administrativas" e, no final, despedida do trabalho. Você acha que o tipo de grupos de mulheres que fazem *lobby* para abolir a profissão do sexo teria defendido a Melissa Petro? Ela falou aberta e honestamente sobre seu passado, incluindo os momentos em que ela sentia que a profissão do sexo tinha danificado sua autoimagem. Ela deixou a profissão do sexo para trabalhar como professora, com baixa remuneração, para ir adiante com sua vida. Mas ela também escreveu um ensaio explicando por que o encerramento da seção de serviços eróticos do Craigslist poderia ser danoso para as profissionais do sexo. Os mesmos grupos de mulheres antiprofissão do sexo, que normalmente defenderiam uma mulher que foi despedida sem justa causa, estavam à frente da campanha para encerrar os serviços eróticos, e por isso elas ficaram em silêncio.

Quando se é uma puta aos olhos da opinião pública, não há forma certa de ser vítima.

Alguns meses depois da publicação da história de Melissa Petro no *Post*, e enquanto ela ainda estava procurando outro emprego, eu estava na beira de um estacionamento em Gilgo Beach, em Long Island, NY. Os membros das famílias das mulheres que foram encontradas lá organizaram uma coletiva de imprensa para marcar a descoberta de mais um corpo: os restos mortais de Shannan Gilbert. Até então haviam sido encontrados dez corpos, dos quais cinco eram de mulheres que usaram o Craigslist ou o Backpage e desapareceram durante encontros com um cliente. As famílias das outras mulheres desaparecidas – Megan Waterman, Melissa Barthelemy, Maureen Brainard-Barnes e Amber Lynn Costello – se conheceram quando as histórias de suas filhas e irmãs sumidas chegaram à mídia. Eles compartilhavam dicas e informações e começaram uma página no Facebook para receberem novas pistas, para manter a história viva.

Havia, talvez, duas dúzias de pessoas lá naquele dia, contando com as famílias, um advogado, apoiadores e equipes de imprensa. Pelas reportagens que sairam não dá para saber quantas pessoas realmente estavam presentes lá. A família Gilbert estava agrupada junto aos microfones. As câmeras estavam a uma boa distância. A família falou mais com as pessoas que não estavam lá do que conosco, que estávamos tremendo por conta do vento invernal da beira do mar. Eles choraram e juraram encontrar a verdade, suplicaram que quem tivesse informações entrasse em contato, ofereceram uma recompensa e especularam se, e quando, o FBI se envolveria – até onde sabemos, ele nunca se envolveu.

"Não consigo me imaginar fazendo isso várias vezes", comentei com Audacia Ray, que gerencia uma organização de defesa da mídia de e para profissionais do sexo chamada Red Umbrella Project [Projeto Guarda-Chuva Vermelho], que dirigiu o carro que levou nosso grupo até lá. Nos conhecemos em 2004, depois de trocar comentários nos nossos blogues. Agora que morávamos na mesma cidade e estávamos aposentadas da profissão do sexo, eu estava como repórter e Dacia estava lá para ajudar as famílias, se elas quisessem, a falar com a mídia. Fazer isso toda vez que encontram um corpo, chorando na frente de todas essas câmeras é como se fosse a sua moeda. É a única coisa que lhes resta.

Dacia me contou que, de uma certa maneira, era pior do que isso. Não tinham tantas câmeras hoje quanto tinham da última vez.

Capítulo VIII – As outras mulheres

Quando a guerra do sexo for vencida, as prostitutas deveriam ser executadas por serem colaboradoras da terrível traição de todas as mulheres.

Julie Burchill, *Damaged Goods* (1989)

Para o estudo, eles recrutaram jovens mulheres e pediram que elas usassem biquínis. Queriam documentar os efeitos do que eles chamam de "auto-objetificação", e para isso eles pediram que elas resolvessem vários problemas de matemática. Outro grupo de mulheres, vestindo suéteres, resolveu os mesmos problemas. Ao observar que algumas das mulheres tiveram dificuldade com a matemática enquanto estavam vestindo menos roupas (e talvez temendo a volta do pesquisador com mais perguntas), os pesquisadores concluíram que a auto-objetificação é danosa para mulheres. A Associação Americana de Psicologia (APA) apresentou esses resultados como parte de um relatório maior em 2007, como prova de que "pensar sobre o seu corpo e compará-lo a ideias culturais hipersexualizadas prejudica a capacidade mental". A interpretação da APA foi recebida por algumas mulheres com alívio, provas bem-vindas – mas de quê? De que matemática é trabalho de verdade enquanto experimentar biquínis é estressante? Não há interesse científico algum em avaliar o impacto da nudez na autoestima das mulheres que realmente trabalham com contabilidade enquanto vestem fio-dental, todas as noites. (Sem, por favor, incentivar uma explosão de ida a clubes de *strip* para fazer pesquisa).

Não é acidental que até mesmo a habilidade aritmética das profissionais do sexo esteja sob suspeita. Elas são acusadas, ao mesmo tempo, de contribuir para a objetificação de outras mulheres por serem objetificadas, e, por conta de sua ocupação, de hipersexualizar todas as mulheres para gerar lucro. A escritora Pamela Paul deu a esse fenômeno o nome de "pornificação", em que as convenções do sexo comercial poluem todas as relações sexuais. É assim que as mulheres são transformadas em "porcas chauvinistas", de acordo com a jornalista Ariel Levy. Se as mulheres participam de qualquer forma de exibicionismo sexual, elas não estão exercendo suas próprias fantasias, e sim fazendo exatamente o que os homens querem, aumentando a exigência para esse tipo de "fingimento", estimulando a demanda por putas ao mesmo tempo que as reduz, tornando-as redundantes ao conduzir todas as mulheres a serem putas. A ruína de uma mulher torna-se a ruína de todas as mulheres.

Para os oponentes da sexualização, o perigo não é só que a mulher seja reduzida a um ser sexual para o usufruto de outros, mas que, se a mulher for sexualizada, ela deixa de ser uma *mulher de verdade* – ou seja, é uma violência que a reduz a uma mulher menor, a uma puta. A raiz da oposição à sexualização é a crença essencial de que para a mulher ser tida como puta é tão profundamente danoso que chega a se constituir como um desafio à sua feminilidade.

É nesse momento em que as preocupações sobre a sexualização da mulher se tornam inseparáveis das ideias tradicionais de seu valor sexual, mesmo quando os críticos da sexualização dizem estar contra isso. "Pensar sobre o corpo", de acordo com a APA em seu relatório, como "sexual é o que prejudica a capacidade mental". Para usarmos um parâmetro aceitável para avaliar o pensamento das mulheres sobre seus corpos e sexualidades, em vez de desincentivá-las a "pensar sobre seu corpo" de maneira "sexual", talvez devêssemos perguntar como elas se sentem sobre o seu corpo de biquíni ou o porquê – mais uma vez – de o corpo ser codificado como a fonte de nossa autoestima. Interromper a sexualização não tem como objetivo o desenvolvimento da autoimagem e da sexualidade das mulheres. Os pesquisadores advertem que "talvez a consequência mais traiçoeira da auto-objetificação seja que ela fragmenta a consciência". Esqueçam essa coisa de abraçar seus desejos, meninas! Troquem o biquíni por um suéter, e as feridas psicológicas causadas pelo patriarcado serão curadas.

É contra a confusão entre a representação do sexo com o sexo em si que os críticos da sexualização deveriam se levantar. As preocupações com a sexualização, focada na imagem e na fantasia, ignoram o trabalho envolvido na performance da fantasia sexual, as habilidades que permitem que profissionais do sexo executem a fantasia sem ter que vivenciá-la. Essas preocupações começam a soar como um pânico, um medo de que os tipos errados de aparências e desejos sexuais devam ser contidos, senão todas as mulheres estarão em risco.

Não é para negar a existência da objetificação e da hipersexualização, mas sim para denunciar esse foco estreito, que vê mulheres como páginas em branco, puras, que estão sob o risco de contaminação pelas fantasias e desejos errados. Resistir à hipersexualização não se traduz, necessariamente, em mais liberdade sexual para as mulheres, e sem a demanda complementar pela liberdade das mulheres, sexual ou não, essa resistência pode se tornar uma plataforma para defender a ausência das mulheres da sexualidade. Ao insistir que algumas representações da sexualidade são menos reais (ou mais danosas, já que esses termos são intercambiáveis) do que outras, os limites entre mulheres, entre desejos, entre classes de mulheres e nosso trabalho são reforçados.

Apesar de geralmente levarem a culpa por incentivar a hipersexualização, as críticas ao pornô e ao *striptease* só vão até a representação do nosso trabalho – o *pole*, o fio dental, a buceta depilada – e não ao trabalho em si, não às nossas vidas. Os críticos chegam perto da verdade: fingir que compartilhamos dos desejos de nossos clientes é o trabalho da profissão do sexo. Mas isso não é a mesma coisa que permitir que nossos clientes definam nossa sexualidade. Quando os críticos se aventuram para fora do representativo, é para insistir que as profissionais do sexo são vítimas da hipersexualização, que elas são responsáveis pela hipersexualização de todas as mulheres. Essa é uma volta às alegações antigas de que profissionais do sexo sofrem de "falsa consciência", só que agora tem um quê de ciência social, e, talvez, com calcinhas menores do que as que estavam disponíveis na segunda onda do feminismo.

Enxergar as profissionais do sexo fora do horário comercial como pessoas completas, pessoas que não estão aqui só para trepar, desafiaria a sexualização. Mas esse não é o papel que lhes foi permitido, especialmente pelas mulheres que procuram salvá-las.

Sensação pornográfica

O medo da hipersexualização e da pornificação não é nada novo e, assim como nas primeiras ondas do desdém pelo olhar pornográfico, o medo rapidamente se torna desprezo. Entre o fim da década de 1970 e o começo dos anos 1980, se deu o auge do grupo Women Against Pornography [Mulheres Contra Pornografia] (WAP), uma resposta, de várias maneiras, ao aumento da visibilidade de profissionais do sexo no movimento pelos direitos das mulheres. Alguns anos depois da National Organization for Women [Organização Nacional pelas Mulheres] (NOW) ter convidado Betty Dodson para apresentar *slides* sobre mulher e masturbação em 1973, a artista e educadora sexual participou de um dos encontros do grupo WAP em Nova York; ela escreveu depois que era impossível imaginar a apresentação que ela deu para o NOW no clima criado pelo WAP. No evento do WAP, mulher após mulher subiu no pódio e contou mais uma vez a história de como o pornô a feriu. "As palavras e as lágrimas de cada palestrante estavam agitando a sala e conduzindo-a para uma sensação de raiva unificada", escreve Dodson em seu artigo "Porn Wars" [Guerras pornôs] publicado no livro *The Feminist Porn Book: The Politics of Producing Pleasure* [O livro do pornô feminista: a política de produzir prazer].

Em vez de conscientizar de maneira igualitária, as histórias tinham um ar de performance sentimental. "Uma loira bonita de uns trinta anos pegou o microfone", escreve Dodson.

"Mal controlando seu ódio, ela descreveu o abuso sexual que sofreu quando era criança", que envolvia o seu pai usando o que a mulher chamava de "fotos nojentas e sujas" e forçando ela a fazer "atos vulgares". Dodson lembra que "a sala inteira estava com uma raiva emocional com suas próprias imagens de estupro de crianças, ao mesmo tempo que se deleitavam com o horror". Se é assim que a relação entre pornô e mulheres é vista, como qualquer mulher que diverge – isso sem falar nas que posaram para as fotos – pode falar por si só sem denunciar e rejeitar a situação de violação da criança? Como dizer que a própria descrição da violação da criança da mulher no palco em si imita uma revelação pornográfica? Qual é a diferença entre o consumo que aquele grupo de mulheres fazia da pornografia vil nas exibições coletivas e o que fazem os homens sentados em um teatro na Times Square compartilhando sua experiência coletiva do pornô?

Existe uma semelhança entre essas explosões coletivas de sentimento, o corpo trêmulo, seja por soluço e choro, seja pela ejaculação: é isso que Linda Williams, teórica do cinema, observou em sua análise de filmes pornôs e "filmes para mulheres" – os *chick flicks*, como são conhecidos em inglês. Estar nas salas de mulheres furiosas, se levantando contra a pornografia, é comprar a promessa [enganosa] de um alívio "poderoso". A relação da mulher que nunca participou da pornografia com esta se preocupa somente por acaso com as mulheres presentes nesses vídeos. Apesar de alegarem algum tipo de relacionamento com as mulheres na pornografia, é só em relação às imagens dos seus corpos, os seus corpos transformados em depositários da imaginação do próprio espectador. A ativista antipornô fervorosa tem isso em comum com o consumidor ávido da pornografia.

A retratação hiperssexualizada que devemos desprezar não se limita só à pornografia, ela está presente na iconografia do movimento antiprostituição contemporâneo. Nas imagens dos *outdoors* e dos pôsteres em agências de serviços sociais, compartilhadas no Facebook e Pinterest, para indicar a adesão a esse movimento, as mulheres nas fotos estão na sombra, de quatro, de saltos, saias curtas e olhos grandes, machucadas e algemadas, suas bocas abertas cobertas pelas mãos de homens – geralmente, homens não brancos sem rosto. Para um grupo tão focado em encontrar provas da violência contra as mulheres no imaginário da mídia, elas produzem uma boa quantidade de imagens que refletem os mesmos clichês. Talvez seja proposital, para chamar atenção – uma engenhoca pseudossubversiva. Ainda assim, essas imagens têm um ar perverso quando, por exemplo, uma campanha chamada Fresh Meat [Carne Fresca], do Reden International, na Dinamarca, que denuncia a escravidão sexual, usa uma imagem de meia dúzia de mulheres nuas, curvadas, com os joelhos perto dos peitos, todas ajeitadas em uma bandeja de isopor e coberta de filme plástico. Odeio usar essa palavra, pois ela perdeu completamente o sentido, mas retratar mulheres desse jeito é desumano.

Contra mulheres de verdade

Mas e se ser sexualizada não for nem desumano, nem empoderador, e sim de valor neutro? E se o que causa dano não residir na aparência ou no sentimento, mas naquilo que realmente impacta o corpo? As mulheres deveriam se preocupar com o fato de que homens querem "nos comer" ou nos "comer e jogar fora"? Essas coisas (as profissionais do sexo continuam insistindo) não são iguais.

É por isso que a preocupação das mulheres reais da indústria do sexo não entra inteiramente no imaginário dos oponentes. Se, como escreve Burchill, a prostituta está em oposição a "todas as mulheres", essa é uma maneira fácil de explicar por que ela pode ser ignorada, já que ela não é mais entendida como uma mulher. Esse limite é delineado toda vez que as profissionais do sexo são reduzidas a objetos por conta do seu trabalho. Dizem que elas não têm culpa, já que os oponentes não dão valor a esse trabalho, e, em vez disso, colocam a culpa no cliente, no olhar e desejo do homem.

O objetivo de eliminar o desejo dos homens pelo sexo pago, de acordo com os ativistas antiprostituição, não é "antissexo", e sim algo que restaura a humanidade das prostitutas, ou seja, de pessoas que já são pessoas, exceto para aquelas que querem consertá-las. As prostitutas, em sua imaginação, se tornaram os objetos mudos aos quais os homens as reduzem. Elas são, aparentemente, diferentes de todas as outras mulheres que enfrentam objetificação, mas que retêm a habilidade de se expressar e se movimentar pelo mundo independentemente.

As profissionais do sexo sabem que são objetificadas; elas também caminham pelo mundo como mulheres e, por meio de seu trabalho, se tornaram fluentes nas visões estreitas e caleidoscópicas que os homens usam para se relacionar com elas como a personificação da fantasia sexual. Elas também sabem que servem como objeto da fantasia de mulheres: como as meninas más que devem ser temidas e evitadas e, de vez em quando, furtivamente imaginar como seria ser elas.

É objetificação também quando os "apoiadores" representam as profissionais do sexo como degradadas, como vítimas, como um objeto, uma lição excitante, o que faz com que as profissionais do sexo fiquem completamente invisíveis. Sua capacidade de travar relações sociais são ignoradas, e suas vidas são compreendidas como organizadas inteiramente em volta do que outros chamam de disponibilidade sexual – e que as profissionais do sexo chamam de trabalho.

Revogando o consentimento

A profissão do sexo não é só sexo: é uma performance, uma atuação, é a demonstração de uma habilidade, o desenvolvimento de empatia dentro dos limites profissionais. Tudo isso poderia ser mais facilmente reconhecido e respeitado como trabalho se fosse o trabalho de uma enfermeira, uma terapeuta ou uma babá. Insistir que a profissão do sexo é profissão é também afirmar que existe uma diferença entre uma forma de trabalho sexualizada e a sexualidade em si.

Os oponentes que atacam as profissionais do sexo enxergam seu trabalho da seguinte forma: "A única analogia que consigo pensar agora sobre prostituição é que é mais parecido com um estupro coletivo do que qualquer outra coisa", disse a feminista antipornografia Andrea Dworkin, em uma palestra na Faculdade de Direito da Universidade de Michigan, em 1992. "Um estupro coletivo que é marcado pela troca de dinheiro. Só isso. Essa é a única diferença". Indo um pouco mais além, a ativista antiprostituição Evelina Giobbe, em uma publicação homônima, se refere à prostituição como "comprar o direito de estuprar". Se isso é um direito, por que os homens devem comprá-lo?

Quando ativistas antiprofissão do sexo dizem que todo trabalho na indústria é estupro, eles não estão só ignorando o trabalho, estão justificando o estupro real de profissionais do sexo. Se o homem pode fazer o que quiser quando paga por sexo, o estupro de profissionais do sexo, daquelas que supostamente não têm qualquer consentimento para dar, não é visto como uma aberração, e sim como parte intrínseca e inevitável da profissão.

O consentimento na profissão do sexo, assim como no sexo não comercial, é bem mais complexo do que um contrato binário de sim e não. As profissionais negociam não apenas a disposição de fazer um ato sexual, mas também as condições em que trabalharão:

> Sim, eu lhe faço uma dança sensual por vinte dólares. Se você quer que eu fique por mais uma música depois da primeira, vão ser mais vinte. Se você quiser a dança em um quarto privado, vai ser 150.

Ou:

> Eu vou até o seu motel por meia hora, e vai custar 150 dólares. Se você quiser um *striptease*, você tem que me dar uma gorjeta a partir de cinquenta. Se você quer uma massagem, a gorjeta será de cem.

Ou talvez:

> Eu chupo você no seu carro por quarenta dólares, mas temos que ir até esse lugar (onde eu sei que minhas amigas conseguem ver e anotar a placa do carro, que elas sabem que eu vou descer do carro assim que você gozar, e que se você sair dirigindo antes de eu sair do carro elas vão saber que alguma coisa está errada e vão atrás de mim).

A presença do dinheiro não elimina a habilidade de consentir. O consentimento, dentro e fora da profissão do sexo, não é só dado, é construído a partir de vários fatores: lugar, hora, estado emocional, confiança *e* desejo. O desejo depende de tudo isso. Consentimento e desejo não são estados travados em nossos corpos, para serem extraídos, sentidos ou oferecidos. Eles são formados.

O dinheiro, ao contrário de ser um símbolo concreto do consentimento, deixa claro que o consentimento dado para qualquer interação sexual não é algo passado de uma pessoa para outra, como notas passando de uma mão para outra. O dinheiro é apenas um fator, mesmo que, em muitos casos, seja o mais importante na construção do consentimento.

Seria incorreto, então, confundir desejo com consentimento. Existem muitas coisas que profissionais do sexo fazem enquanto trabalho que não gostam de fazer, mas dão o seu consentimento a elas e têm razões legítimas para fazê-lo. A escritora e prostituta Charlotte Shane chama isso de "consentimento sem entusiasmo", uma reversão do *slogan* feminista que exige "consentimento com entusiasmo", o "sim é sim" para lutar em conjunto com o "não é não". Shane não está dizendo que sim é não, mas que, como ela escreve em seu blogue Tits and Sass, "existe uma grande diferença entre os momentos em que concordei em fazer sexo (sem vontade) com clientes e as vezes em que não concordei em fazer certos tipos de sexo com clientes. Rotular todas essas experiências como 'estupro' apaga a verdade, a minha realidade e a minha independência". Hoje entendemos que, através do ativismo de feministas antiestupro, mesmo quando nosso consentimento é violado, nós podemos sentir prazer (a despeito de nós mesmas!). A consequência, então, é que o prazer não é necessário para o consentimento, e a ausência do prazer não deve ser vista como a retirada do consentimento.

Se o estupro não é só sexo ruim, sexo ruim – mesmo no trabalho – não é estupro.

Talvez seja uma distração falar sobre algo como consentimento quanto falamos sobre trabalho sexual. Existe toda uma matriz de consentimentos a ser considerada: o trabalho sexual coloca a profissional em perigo? Coloca sua saúde em risco? Sua exposição gera algum risco? Essas condições merecem tanto quanto, senão mais, de nossa atenção quando consideramos consentimento, não só o consentimento ao ato sexual. O foco no consentimento do ato sexual pode perpetuar mais confusão e marginalização do que elucidar o poder e controle das profissionais do sexo enquanto trabalham.

Limitar o consentimento de profissionais do sexo ao consentimento sexual é depreciar suas escolhas, não realçá-las. Esperam que as profissionais do sexo, mais do que qualquer outra profissional, justifiquem sua profissão como escolha, como se a escolha da profissão é o que a tornasse legítima. Dois pesos e duas medidas: o mais perigoso disso é que as profissionais do sexo têm que provar que fizeram uma escolha *empoderadora*, como se o empoderamento fosse um estado imaterial alcançado por meio do autoaperfeiçoamento e não pela negociação de poder contínua e coletiva. A demanda para mostrar o empoderamento só reproduz uma classe de vítimas entre as profissionais do sexo, que já são todas vistas como não empoderadas. Isso é verdade tanto para profissionais do sexo quanto é para enfermeiras ou professoras (ou jornalistas ou acadêmicas): se demorar na capacidade individual de empoderamento pouco revela sobre as forças sistêmicas restritivas do poder das trabalhadoras, dentro e fora da profissão.

> Eu "vendi o meu corpo" para inúmeros homens e ainda assim ele está aqui no sofá comigo. Que estranho.
>
> @AnarchaSxworker

De acordo com esses mitos – que ser objetificada é ser reduzida e que sexo em troca de dinheiro é indistinguível de estupro – há duas visões comuns e contraditórias sobre o que a profissional do sexo vende: ou é seu corpo ou ela mesma, visões que são frequentemente projetadas nas profissionais do sexo que oferecem serviços físicos, sexo tradicional hétero, em particular, ou uma aproximação fajuta de sexo de verdade, o que faz ela ser falsa.

Com mais de uma década de estudos etnográficos como base, a socióloga Elizabeth Bernstein identifica o que as profissionais do sexo oferecem como intimidade limitada, um serviço que contém uma gama de trabalhos, do físico ao emocional. Algumas profissionais do sexo, em especial aquelas que oferecem serviços que permitem conversas extensas com os seus clientes (durante um encontro de hotel de uma hora, um *chat* de *webcam* ou em quartos VIP), podem negociar seus trabalhos de forma bem diferente daquelas que preferem se concentrar no trabalho físico do sexo, que pode ser um serviço mais direto. As profissionais do sexo não acham todas as formas de atos sexuais físicos igualmente íntimas: um boquete, uma massagem, uma foda com cintaralho, um beijo.

Que as profissionais do sexo estejam continuamente negociando vários níveis de intimidade deveria ser prova suficiente de que esse é o trabalho além da venda do corpo. Mas o fato de que a intimidade em si pode ser construída aparece como prova de que a oferta pode não ser real. Ainda assim, julgamos a autenticidade das profissionais do sexo usando padrões mais altos do que usaríamos, por exemplo, para julgar o vínculo que temos com nosso *bartender*, cabeleireiro ou até mesmo com o terapeuta do qual gostamos – de quem poderíamos preferir manter alguma distância, entendendo que isso faz parte dessa relação.

Negociar a autenticidade não está só no domínio da profissão do sexo. Bernstein relaciona a emergência da intimidade limitada com a transição mais ampla do trabalho industrial para a economia do serviço. Em uma economia em que todo tipo de trabalhador tem que produzir uma experiência – não só um café, mas um sorriso e um cumprimento simpático; não só férias, mas um retiro espiritual – a profissão do sexo se encaixa confortavelmente.

Bents, Jackson e Hausbeck, em seu estudo sobre os bordéis de Nevada, por exemplo, descrevem que alguns desses espaços de trabalho são definidos não só como uma fuga sexual, mas como uma fuga do mundo do trabalho para um ambiente convencionalmente feminino. Não é só a performance sexual que atrai o cliente, mas a performance de prazer e conforto – pouco diferente de férias em um *resort* de luxo, em que clientes encontram uma experiência completa de fuga.

Após a hipersexualização

Com seu foco raso na hipersexualização, aos críticos passam despercebidas as maneiras pelas quais a economia sexual está trabalhando para se tornar popular: não hiperssexualizando o *mainstream*, mas exatamente o contrário. Como os pesquisadores observaram, o erótico não é usado para apelar ao *mainstream* nos bordéis em Nevada, em vez disso, eles se vendem como elegantes e de luxo, como o tipo de lugar que qualquer um quer experimentar. É a indústria de lazer *mainstream* de Las Vegas – onde bordéis são proibidos – que intensifica o pecado do *sex appeal*. Essa interação é o que descrevem não como a hipersexualização da cultura, mas a convergência dela.

Quando oponentes da sexualização e da profissão do sexo colocam na mira aqueles que lucram com as imagens das mulheres, seus ataques podem ser estreitos ou reacionários. Os críticos interpretam mal as interconexões entre as economias *mainstream* e sexual, e a mídia como uma forma de contaminação em vez de coexistência, e por isso eles não têm a habilidade ou a vontade de situar imagens sexuais no mercado ou na esfera social em geral. Simplesmente remover a camada superior visível da nossa economia sexualmente convergida não vai fazer muita diferença para mudar o que a sexualização supostamente reforça: as desigualdades fundamentais do resto de nossa economia. Essas campanhas começam e acabam com o apagamento dos corpos das mulheres.

Retirar a menina nua da imagem na revista *Playboy* ou da página 3 de um jornal não nos libertaria das restrições do nosso poder e na vida sexual real das mulheres. Remover as imagens sensuais do supermercado, da internet, ou de onde quer que seja que digam prejudicar, se torna um substituto rápido para o tipo de exigência que poderíamos fazer se transferíssemos a nossa atenção da pele exposta para as vidas das mulheres fora da tela, fora do horário comercial.

A incoerência desses argumentos é mais evidente nas queixas de que as mulheres na profissão do sexo são, de alguma maneira, responsáveis pelo desejo de que as mulheres fora da indústria de ajam como elas, e de graça. Nenhuma outra geração de jovens mulheres, Levy diz em *Female Chauvinist Pigs: Women and the Rise of Raunch Culture* [Porcas chauvinistas: mulheres e a ascensão da cultura *raunch*], cresceu "quando as estrelas do pornô não estavam na lista dos mais vendidos, quando strippers não eram moda" – como se as profissionais do sexo icônicas estivessem confinadas no século XXI (converse com as cortesãs de Veneza, as rainhas burlescas da antiguidade), ou como se a aceitação pelo público das representações populares da profissão do sexo fosse a mesma coisa que aceitar as profissionais do sexo. "O fio dental", ela adverte, "é literalmente subproduto da indústria do sexo", como se isso fosse razão suficiente para exilar as profissionais do sexo, como se isso fosse o que nos limita. O fio dental e as primeiras mulheres que o vestiram são intercambiáveis para Levy, e intercambiáveis, também, com a dominância real dos homens. Ela confunde o ser da profissional do sexo, como acusa os homens de fazer, com seu uniforme de trabalho.

Objetos no retrovisor podem aparecer

As profissionais do sexo são apenas um símbolo para Levy e outros oponentes da "cultura erótica", um sintoma de uma doença mais importante, mas só até onde ela afeta o comportamento de outras mulheres, as mulheres que importam. Eu poderia dizer que sua análise é falha, que ela confina nossa compreensão de sexo à sua representação e a como ela afeta as mulheres (frequentemente, sobre outras mulheres), em vez de pontuar a materialidade de como ele restringe e molda nossas vidas, mas esse é exatamente o ponto: a profissão do sexo informa sua análise da hipersexualização não por que a vida das profissionais é importante, mas por que a profissão do sexo faz mulheres que não são profissionais do sexo sentirem coisas que elas prefeririam não sentir. É o estigma da puta exercido e defendido por outras mulheres.

Quão diferentes seriam nossas análises do relacionamento entre sexo, valor e feminilidade se pudéssemos enxergar além do pânico da sexualização e ver as mudanças tectônicas sociais e econômicas que empurraram o sexo comercial e suas representações para a superfície? Se deixássemos de lado o desejo de diagnosticar e categorizar patologicamente o que chamamos de hipersexualização, poderíamos observar e analisar as vidas das mulheres de maneira mais completa e fiel, e descrever mais precisamente como poder e sexo nos moldam.

A perspectiva da convergência do sexo comercial com a economia do serviço dá espaço para entender o que parece ser a popularização do sexo comercial, e também fornece uma alternativa ao enquadramento da hipersexualização para entender essa transformação. Isso nos liberta de ter que posicionar sexo comercial ou não comercial como a escolha "certa", uma vez que coloca o sexo comercial em um contínuo com outros serviços comerciais – viagens, beleza, comida, entretenimento – e que não achamos que temos que julgar como melhores ou piores que seus equivalentes não comerciais antes de fazer uma análise de seu valor. Sob esse ponto de vista, a profissão do sexo não precisa ser vista *como se* fosse parte da indústria de serviços para imaginar o que ela poderia ser se reconhecêssemos que a profissão do sexo e a indústria de serviços já dividem um espaço em comum, a força de trabalho, e que são interdependentes.

Por extensão, valorizar a habilidade das profissionais do sexo de negociar a intimidade pode deslocar o foco daqueles que querem acabar com sua exploração: das representações da hipersexualização para as maneiras como o trabalho das profissionais do sexo é organizado. Quando franquias imensas, como o Pret A Manger ou Starbucks, exigem que seus trabalhadores e trabalhadoras sirvam o café com um sorriso para que continuem trabalhando lá, não achamos que precisamos remediar a demanda por cortesia forçada falando aos seus clientes desesperados por atenção que resolvam suas carências emocionais em outro lugar. A demanda não está nos caprichos da clientela, mas na gerência. É por isso que as profissionais do sexo não teriam mais controle sobre seu trabalho se elas colocassem a sua exploração unicamente, ou até mesmo primariamente, nas mãos de seus clientes. É compreensível que isso seja tentador, na era em que a escolha do consumidor é tida como o bálsamo de muitos abusos trabalhistas. Comprar "as coisas certas" pode ser relevante, mas não o suficiente, menos ainda na mesa de negociações.

É duplamente tentador colocar a culpa nos consumidores de sexo comercial quando as preocupações têm menos a ver com a saúde e o bem-estar das profissionais do sexo e mais, como Burchill e Dworkin e seus apoiadores demandam, com a erradicação completa da profissão. As necessidades das profissionais do sexo, em contraste, deveriam ser mais familiares a todas as mulheres: ser legalmente reconhecida, não sofrer discriminação de habitação, saúde, educação e trabalho e poder andar livremente pelo mundo. Até para aquelas que querem deixar a indústria do sexo, a demanda por encontrar uma alternativa de trabalho não seria atendida pela eliminação do seu trabalho atual.

Apesar de as profissionais do sexo serem vistas como controladas pelas demandas dos compradores, ativistas antiprostituição falam muito mais dos clientes do que das próprias profissionais, insistindo que eles e suas demandas sexuais são onipotentes. Pintam as profissionais do sexo como impotentes perante seus clientes e sua capacidade de consentimento e de pensamento crítico é aparentemente erodido pela sua vestimenta. Elas não dirão que nós merecemos, mas ainda dizem saber mais do que nós. Será que é medo de que um dia elas tenham que fazer o mesmo, ultrapassar o limite enraizado que elas acham que as divide de “outras” mulheres?

Capítulo IX – Os salvadores

No que tange à mídia ocidental, o mais reconhecido especialista em profissão do sexo no Camboja é Nicholas Kristof. O fato de que ele trabalha no *New York Times* e que sua posição sobre a profissão do sexo se alinha com as dos governos americano e cambojano, que querem "erradicá-la", ajuda também. Foi isso que permitiu que ele "comprasse" duas mulheres que trabalhavam nos bordéis em Poipet. Se ele estivesse atuando como cidadão público, ele teria sido acusado de tráfico humano ou turismo sexual. Um crachá de imprensa, em conjunto com o público que lê sua coluna, o protegeram.

Kristof foi para o Camboja com a presença e a promessa de policiamento e resgate, do jeito que organizações não governamentais geralmente fazem: ele acompanhou a ONG internacional antiprostituição Somaly Mam Foundation (AFESIP) em uma operação em um bordel no norte do Camboja, e transmitiu ao vivo tudo o que estava vendo no Twitter descrevendo, esbaforido, as pessoas como menores de idade assustadas e vítimas de estupro. Não é preciso dizer que ele publicou tudo sem o consentimento delas.

> A polícia invadiu o bordel, desarmou os donos, confiscou seus celulares para que não pudessem pedir ajuda... As meninas foram salvas, mas ainda estão muito assustadas. A mais nova pare-

ce ter uns 13 anos, traficada do Vietnã... Assistentes sociais estão consolando as meninas, falando que elas estão livres e não serão punidas, não serão mais estupradas.

@NickKristof

Kristof não está sozinho nessa peculiar tradição literário-participativa de expor o coração das trevas que é a prostituição: na virada do século passado, William T. Stead usava seu espaço na coluna do jornal londrino *Pall Mall Gazette* para gerar ansiedade por conta do emergente "comércio de escravas brancas", que acabou nunca sendo documentado de verdade. Não que isso o tenha impedido. Stead acabou preso como resultado de uma história em que ele comprou uma menina de 13 anos, a heroína sacrificada de seu *exposé* chamado "The Maiden Tribute of Modern Babylon" [O tributo à donzela da babilônia moderna]. Ele só foi preso porque comprou a menina de sua mãe em vez de seu pai, que seria o seu guardião legal.

O pânico que Stead ajudou a criar aprovou uma nova lei antiprostituição no Reino Unido, lei que em breve atravessaria o Atlântico os estados desde o Iowa até a Califórnia criaram "leis para a redução da luz vermelha", o começo do fim da prostituição tolerada nos Estados Unidos. Todas as leis tinham como premissa o medo de que as filhas (brancas) da nação estivessem sendo condenadas a uma vida de lixo, mantidas em cativeiro na "Babilônia Moderna" do capital industrial.

Pode-se dizer que pessoas como Kristof erram ao desenhar um mito da profissão do sexo usando apenas os piores casos, mas não estamos em posição de saber o que o conceito de pior caso significa para aqueles que aderem a essa tradição, que tacha todo tipo de trabalho sexual como o pior caso só por existir. Essa forma supostamente honesta de contar a história não consegue acomodar a variedade de experiências que profissionais do sexo vivenciam, relatam e insistem que sejam compreendidas.

Essa visão da profissão do sexo é fácil de comunicar. Em dezembro de 2012, a *newsletter* do grupo antiprostituição Apne Aap, baseado em Calcutá e registrado nos Estados Unidos, publicou um relato de uma nova voluntária, o que ela havia deduzido depois de apenas alguns minutos de um *tour* guiado por Sonagachi, o distrito da luz vermelha de Calcutá:

> Há muito mais do que bordéis por aqui; há lojas, residências, negócios e oficinas. As pessoas vivem, trabalham e levam vidas normais em Sonagachi também. Algumas meninas que vimos estavam vestidas com roupas normais, sem maquiagem, e pode ser que estivessem vivendo o seu dia a dia. Mas não demorou muito para ver o que vim testemunhar, um grupo de meninas prostituídas que não podiam ter mais de 15 ou 16 anos. Elas estavam do lado da porta, esperando. Esperando para serem compradas. Estavam vestidas com seus sáris coloridos, com maquiagem; tinham a pele clara, que é uma qualidade altamente procurada. Todos esses esforços são uma tentativa de fazer com que as meninas pareçam estar saudáveis e felizes, mas, no entanto, elas não estão bem. Dava para ver nos seus rostos, pelos olhos fundos, que estavam cansadas e doentes, doentes e traumatizadas... Foi impossível não olhar para as meninas, de pé ali, esperando. Esperando a próxima pessoa para desumanizá-las, estuprá-las, tomar mais de suas infâncias. É isso que ela é, uma menina adolescente

> fantasiada de adulta para atender os desejos de alguém que está comprando a dominação de outro ser humano. O medo e o terror de viver nesse inferno é incomensurável.

A experiência da profissão do sexo é mais do que só a experiência da violência; reduzir todo tipo de trabalho sexual a essa experiência é negar que qualquer coisa que não seja violência seja possível. E, ao fazê-lo, não há necessidade de ouvir as profissionais do sexo; se já sabemos seus destinos, sua utilidade é apenas em providenciar mais provas para os preconceitos dos leitores. Para aqueles que atuam na indústria do resgate antiprostituição, as profissionais do sexo estão limitadas a performar um arquétipo em uma história da qual não fariam parte de outra forma, nesse "pornô da piedade" com o qual os jornalistas, cineastas e equipes de ONGs, lucram e constroem o seu poder. Enquanto isso, quando as profissionais do sexo de fato sofrem discriminação, assédio ou violência, essas são explicadas como experiências intrínsecas à profissão do sexo e, portanto, não importa o quão horríveis sejam, são esperadas. Apesar dessa perspectiva antiprostituição se colocar como mais empática com as profissionais do sexo, ela produz a mesma ideologia que a costumeira desconfiança e rejeição delas: ambas alegam que o abuso faz parte do território da profissão do sexo. Se uma profissional do sexo diz que foi estuprada, bom, o que ela esperava?

Eu não fui profissional do sexo no Camboja, então meu conhecimento é limitado ao que observei de primeira mão, ao que outros me contaram e ao que eu encontrei ao comparar as inúmeras publicações oficiais do governo com as das ONGs que tentam revelar abusos. O que eu tenho que Nicholas Kristof não tem é a confiança das profissionais. Através dos meus relacionamentos com profissionais do sexo e ativistas da profissão nos Estados Unidos, eu conheci muitas do Camboja. Quando visitei um bordel perto de Phnom Penh, foi a convite delas, sem uma recepção grandiosa ou uma conclusão melodramática.

Chegamos com ativistas e assistentes sociais, e fomos recebidas por profissionais do sexo que não estavam ocupadas. Deixamos algumas caixas de camisinhas e então nos reunimos em um pátio aberto. Nos trouxeram panos perfumados para enxugar o suor e jarras de água. Eu não levei câmeras, diferentemente do *Dateline* da NBC ou dos outros inúmeros documentaristas bem-intencionados. Nem trouxemos a polícia ou uma promessa de resgate. Em vez disso, nos sentamos em cadeiras de plástico sob as estrelas e conversamos abertamente.

De volta ao meu quarto no hotel em Phnom Penh, observei uma placa em inglês na porta, colocada onde eu conseguiria ler da cama: É ESTRITAMENTE PROIBIDA A PRESENÇA DE PROFISSIONAIS DO SEXO NO HOTEL. Dava para olhar a rua da minha janela, inchada com o tráfego de motos e *tuk-tuks* ao pôr do sol, atravessada pelo rio em que o barco da Women's Network for Unity [Rede de Mulheres pela Unidade] (WNU) estava atracado. Mais cedo, eu estava sentada no seu piso de madeira com alguns de seus membros, em volta de um MacBook, assistindo a vídeos que eles fizeram e estavam postando no YouTube.

Enquanto assistíamos aos vídeos – animações em *stop-motion* que usavam Barbies para representar as profissionais do sexo que queriam manter o anonimato, mas ainda se expressar, e outro, um projeto ainda em execução sobre o abuso de programas de *check-up* de saúde obrigatórios que extorquem as profissionais – vi estandartes pendurados, se movendo na brisa que vinha da água: NÃO FALE COMIGO SOBRE MÁQUINAS DE COSTURAS. FALE COMIGO SOBRE OS DIREITOS DOS TRABALHADORES.

O maior *hit* era um vídeo de karaokê com *slides* de imagens mostrando a então Secretária de Estado dos Estados Unidos, Condoleezza Rice, como Maria Madalena em *Jesus Cristo Superstar*, cantando *I Don't Know How to Love Him* [Eu não sei como amá-lo], uma balada conturbada dirigida ao presidente George W. Bush. Na época, o Departamento de Estado estava pressionando o governo cambojano para tomar uma posição contra a profissão do sexo ou correr o risco de perder o auxílio da Agência dos Estados Unidos para o Desenvolvimento Internacional (USAID). A polícia cambojana, que já estava há tempos reprimindo as profissionais do sexo, agora trabalha em conjunto com o Ministry of Social Affairs, Veterans and Youth Rehabilitation [Ministério de Assuntos Sociais, Veteranos e Reabilitação da Juventude]; estava arrastando as profissionais do sexo para fora dos bordéis e jogando-as dentro de picapes para levá-las para centros de "reabilitação". Eles não imaginavam que as profissionais do sexo gravariam essas operações, tirando fotos com seus celulares. Uma dessas fotos acabou em placas e bótons feitos pelo Asia Pacific Network of Sex Workers [Rede Pacífico-Asiática de Trabalhadoras do Sexo] (APNSW) com a USAID rebatizado de "USRAID".

O que aconteceu depois que as profissionais do sexo foram levadas para os tais centros de reabilitação? Elas foram ilegalmente detidas durante meses sem acusações, assim como outras que trabalhavam em parques públicos, e foram perseguidas, espancadas e arrastadas para dentro das vans da polícia. A organização de direitos humanos cambojana LICADHO capturou em fotos momentos arrepiantes de profissionais do sexo pegas nas operações, trancadas em gaiolas – trinta ou quarenta pessoas em uma cela. As profissionais do sexo que foram detidas relataram nas entrevistas com a LICADHO, Women's Network for Unity e o Human Rights Watch espancamentos e assédio sexual cometidos por guardas. Algumas profissionais soropositivas, que foram detidas ilegalmente em estabelecimentos descritos pelas ONGs locais como "abrigos", tiveram seu acesso à medicação antirretroviral negado. Em um estabelecimento, de acordo com a reportagem do Human Rights Watch, as profissionais do sexo "só podiam sair de seus quartos para se banharem duas vezes por dia nas águas sujas de um lago ou acompanhadas de um guarda para ir ao banheiro".

A Asia Pacific Network of Sex Workers relatou que um tema comum nas entrevistas com as detentas era a comida terrível, que vinha dentro de sacos plásticos, que elas então guardavam para usar como banheiro, jogando-os pela janela depois. Através de relatos de testemunhas oculares, os observadores de direitos humanos estabeleceram que pelo menos três detentas foram espancadas até a morte pelos guardas. Observadores da LICADHO testemunharam o corpo de uma mulher que foi largada para morrer depois de ser encontrada por ativistas no dia anterior em coma no chão da sala de detenção, onde ela havia sido trancada com mais vinte outras pessoas. Isso aconteceu em um estabelecimento em Koh Kor, uma ilha que tinha sido uma prisão sob o regime Khmer Vermelho. "O governo tem que encontrar soluções reais para os problemas econômicos e sociais que levam as pessoas a viver e trabalhar nas ruas", disse o relatório da LICADHO sobre as condições em Koh Kor e em um segundo estabelecimento em Prey Speu em 2008. "O governo não pode só juntar essas pessoas e jogá-las em campos de detenção".

Se as profissionais do sexo nas portas no distrito da luz vermelha de Phnom Pehn pareciam assustadas, poderia tanto ser pela possibilidade do "resgate" quanto por qualquer cliente.

Como é o caso para boa parte da indústria, dados precisos e confiáveis da quantidade de profissionais do sexo no Camboja são difíceis de encontrar. Um estudo financiado pela USAID concluiu que, de uma amostra de aproximadamente 20 mil, 88% não foram forçadas a trabalhar na profissão do sexo, seja por força física, seja por contratos de dívidas. É especialmente difícil saber o quão precisos são os dados que falam de coerção. Mas esses são os números do estudo encomendado pela USAID e, supostamente, estavam disponíveis para todos no departamento do estado que estavam agitando operações para acabar com todo tipo de trabalho sexual e com o tráfico no Camboja.

Essas operações não corrigem as condições abusivas da profissão do sexo, e podem expor profissionais do sexo a ainda mais abuso, incluindo aquelas que querem deixar a profissão. Mas isso não preocupa o governo estadunidense, que não quer só "erradicar a prostituição" (como disse um promotor dos Estados Unidos em um depoimento em nome da USAID perante a Suprema Corte estadunidense em 2013), mas requer que os receptores de ajuda internacional concordem com eles. Quando o governo cambojano procurou demonstrar seu comprometimento com esses valores estadunidenses, eles não tinham, de maneira alguma, "erradicado a prostituição" – eles agiram, por meio de prisão e violência, para erradicar as próprias profissionais do sexo. O Departamento de Estado, em resposta, melhorou o *ranking* de conformidade do Camboja em seu Relatório de Tráfico de Pessoas de 2010, e fez apenas uma leve reprimenda dizendo que "operações contra atividades 'amorais' não foram conduzidas de maneira sensível às vítimas do tráfico", recomendando mais "treinamento", e não investigações ou sanções. Os Estados Unidos já declararam: não existe diferença significativa entre a eliminação da profissão do sexo e a eliminação das próprias profissionais do sexo.

"A presunção dupla de que nenhuma mulher venderia sexo voluntariamente e que as profissionais do sexo não têm formação ou habilidades para terem trabalhos 'decentes' é central para os problemas do Camboja", escreve Cheryl Overs, autora do relatório da APNSW "Caught Between the Tiger and the Crocodile: The Campaign to Suppress Human Trafficking and Sexual Exploitation in Cambodia" [Pega entre o tigre e o crocodilo: a campanha de eliminação do tráfico humano e da exploração sexual no Camboja] de 2009. Na verdade, muitas delas já trabalharam em fábricas de roupas e deixaram esse emprego por conta da baixa remuneração para trabalhar na profissão do sexo. O logo da APNSW, uma máquina de costura dentro de um círculo vermelho com um risco, é referência a isso. Apesar de ONGs antiprostituição como a International Justice Mission [Missão de Justiça Internacional] e a AFESIP dizerem que treinam as mulheres que "resgataram" e "restauraram" de bordéis para operar máquinas de costura em seus abrigos cambojanos, as profissionais do sexo e da indústria de roupas, juntas, tentam chamar a atenção para as condições precárias das fábricas, que fazem com que a profissão do sexo, cuja remuneração é mais alta, seja uma alternativa mais atraente.

Foram as trabalhadoras, debaixo do guarda-chuva da WNU e APNSW, que protestaram fortemente contra as operações e prisões ilegais no verão de 2008. As profissionais do sexo contaram as histórias de suas prisões e do abuso que sofreram nas mãos da polícia e dos guardas durante um ato em Phnom Penh, com quinhentas de suas colegas e centenas de aliados. Mostraram depoimentos em vídeo de mulheres que tiveram cuidados médicos negados e foram abusadas sexualmente nos centros de reabilitação, exibidos novamente para os funcionários da ONU e de grupos internacionais de direitos humanos apenas algumas semanas depois, na Cidade do México, durante a 17ª Conferência Internacional de AIDS. A APNSW foi premiada por conta de seus esforços para expor os abusos impulsionados pelas políticas estadunidenses que, todavia, continuam as mesmas.

O dia em que visitei o bordel em Phnom Penh foi só alguns meses antes de começar o pior das operações influenciadas pelos Estados Unidos. O terreno do bordel e a rua que leva a ele estavam cobertos de pó, acumulando terra vermelha na parte de baixo da mala do meu *notebook* quando sentei em uma das cadeiras de plástico entre os bangalôs. Não tirei fotos. Foi um momento para respirar, sentir o cheiro do óleo diesel e os sons viajando nos ares noturnos de várias televisões ligadas ao mesmo tempo. Tudo que eu precisava saber sobre esse lugar estava nas histórias que eu já havia ouvido, no barco, na van dos assistentes sociais, fora do trabalho.

Antes de ir embora, a WNU organizou um evento musical, com dança burlesca, karaokê e danças tradicionais. O vídeo Condi-Bush passava em uma tela grande, e uma ativista e profissional do sexo de Fiji dublava as falas de Maria Madalena, vestida de *drag* de negócios com um colar de pérolas.

Capítulo X – O movimento

Quando as prostitutas ganham, todas as mulheres ganham

Black Women for Wages for Housework (1977)

O COYOTE HOWLS foi a *newsletter* da primeira organização pelos direitos das prostitutas nos Estados Unidos. Foi publicado em São Francisco na segunda metade da década de 1970 e, como qualquer jornal alternativo que se preze da época, tinha uma seção robusta de classificados nas últimas páginas. Por ser uma *newsletter* de e para putas, as páginas divulgavam suas próprias organizações-satélite, como a Prostitutes Union of Massachusetts [Sindicato das Prostitutas de Massachusetts] (PUMA), a Spread Eagles (Washington, DC), a Kansas City Kitties (Missouri), Scapegoat (Nova York) e a Professional Resource Organization for Women's Liberties [Organização Profissional para a Liberdade da Mulher] (PROWL) em Spokane, Washington). A edição do COYOTE HOWLS na minha mesa (emprestada dos arquivos da lendária ativista da profissão do sexo Carol Leigh) tem a manchete "Putas e donas de casa juntas: violência, aborto e assistência social são questões comuns na conferência internacional do ano da mulher de 1997".

"Putas e donas de casa". Hoje é difícil conceber esses grupos de mulheres como aliados. As putas e as donas de casa, em termos gerais, são frequentemente consideradas rivais (tanto pela esquerda quanto pela direita), ocupando pólos opostos de um círculo econômico, duas classes de mulheres que recebem sua renda a partir do trabalho assalariado dos homens. Seus trabalhos, ao contrário, são considerados ilegítimos. Os trabalhos doméstico e sexual deveriam ser distribuídos livremente, nos dizem, com carinho e amor genuínos. A dona de casa mantém sua legitimidade ao não procurar uma renda, e a puta rompe com a tradição ao exigi-la. As duas são diminuídas e confinadas ao mesmo sistema que quer as mulheres dependendo dos homens para sobreviver. E elas poderiam se livrar desse sistema, juntas.

Como lembrou Margo St. James em uma entrevista (também tirada dos arquivos de Carol Leigh), antes de criar o COYOTE, no começo de 1973, existia o WHO – *Whores, Housewives and Others* (Putas, Donas de Casa e Outras). O "outras" significava lésbicas, "mas ainda não se falava disso, mesmo nos círculos liberais boêmios". Apoiadora no começo do COYOTE, a antropóloga Jennifer James cunhou o termo "descriminalização" para expressar o objetivo do movimento de remover as leis que têm como alvo as prostitutas. A NOW, ainda na era de *A mística feminina*, adotou a descriminalização da prostituição como parte oficial de sua plataforma no mesmo ano.

A pensadora feminista Wendy McElroy escreveu em seu texto "Prostitutes, Feminists and Economic Associates" [Prostitutas, feministas e associações econômicas] que o começo do movimento pelos direitos das prostitutas foi

> recebido com aplausos do movimento feminista. A revista *Ms.* elogiou os esforços e a personalidade de Margo St. James. Ainda

em 1979, prostitutas e feministas populares estavam cooperando ativamente. Por exemplo, o COYOTE se alinhou com a NOW na "Kiss and Tell" [Beije e conte] uma campanha para avançar os esforços pela Emenda dos Direitos Humanos.

McElroy cita uma edição de 1979 do *COYOTE HOWLS*, que diz:

> O *COYOTE* chama todas as prostitutas a se juntarem à campanha internacional "Kiss and Tell" para convencer os legisladores de que apoiar questões importantes para as mulheres é melhor para eles. As organizadoras da campanha pedem que os nomes dos legisladores que têm consistentemente votado contra essas questões e ainda assim continuam sendo consumidores de prostitutas sejam enviados para organizações feministas.

O chamado seria tão otimista quanto inocente se fosse possível ter visto o futuro e o que seria o maior escândalo político com profissionais do sexo nos Estados Unidos. Eliot Spitzer era o democrata pró-escolha de Nova York e, como promotor do Estado, se concentrou na corrupção de Wall Street, e como governador assinou a legislação que tornou as penas de prostituição mais rígidas, penas que poderiam ter sido usadas contra ele, se ele não tivesse deixado o cargo, rastejando e esperando passar o tempo necessário antes de se lançar mais uma vez dentro da esfera pública, do jeito que homens como ele geralmente o fazem. Nos Estados Unidos, de qualquer maneira, um político de direita que é contra os direitos da mulher, como o senador republicano da Louisiana David Vitter, pode aparecer na lista de clientes de uma agência de acompanhantes e mesmo assim ser eleito para mais um mandato. Será que os conservadores têm menos vergonha ou os liberais que não têm firmeza para apoiar as profissionais do sexo durante seu mandato – ou os dois?

Dois anos depois da criação do *COYOTE*, em junho de 1975, mais de cem prostitutas ocuparam a igreja Saint-Nizier em Lyon, na França. A ocupação inspirou outras prostitutas francesas a ocuparem as igrejas em suas cidades em solidariedade àquelas de Lyon, que se mantiveram na igreja por dez dias até serem removidas à força pela polícia. Em Lyon, grupos feministas debateram como – ou se – deveriam apoiar as prostitutas na ocupação. Um panfleto feminista da época, traduzido por Lilian Mathieu dizia:

> Nós, como elas, estamos na situação das prostitutas no sentido que somos forçadas a casar, forçadas a vender nossos corpos e almas para nosso senhor e mestre para sobreviver e ter uma posição respeitável nessa sociedade masculina.

Apesar das feministas que apoiaram as prostitutas desejarem, como objetivo final, acabar com a prática da prostituição, "ao apresentar o movimento como o 'símbolo da liberação de todas as mulheres'", escreve Lilian Mathieu em seu artigo "An Unlikely Mobilization" [Uma mobilização improvável] citando outro panfleto, "as feministas tentaram universalizar ou expandir a causa que elas adotaram, para poder legitimá-la".

"Elas justificaram sua solidariedade", ele continua, alegando que, como dizia um de seus panfletos, "não é só na rua que as mulheres são forçadas a se prostituírem". As prostitutas de

Lyon, como aquelas que entravam de penetra nas conferências feministas em Nova York, quase que simultaneamente, podiam ver que esse apoio era absurdamente condicional.

Em uma edição de 1977 de *Hookers and Housewives* há uma ilustração, quase perfeita da manchete, de Margo St. James com um microfone na frente da prefeitura de São Francisco, com três membros do Wages for Housework (outra força emergente do movimento das mulheres do final dos anos 1970, que apoiaram a ocupação da igreja de Londres feita pelo Coletivo Inglês de Prostitutas) que não foram nomeadas, duas mulheres negras e uma mulher branca. Uma mulher está segurando uma placa que diz "anistia para todas as prostitutas". Se essa imagem do feminismo tivesse chegado a mim antes de qualquer uma das fotos icônicas da figura mais universal do feminismo dos anos 1970, Gloria Steinem, frequentemente sentada sozinha dentro de casa, com seu cabelo com luzes partido no meio, os óculos tingidos que eclipsavam seu rosto, eu poderia ter pareado a foto de Steinem com outra: um feminismo que é de e para as ruas. A legenda da foto diz:

> Ato do dia 9 de maio, o movimento Wages for Housework protestando contra a violência contra as mulheres. Momentos depois, [Margo St. James] foi arrastada pelos cabelos, caindo de cabeça nos degraus. Foram necessárias 14 ligações para conseguir que o promotor acusasse o homem que a atacou sem que tivesse sido provocado.

Quando cheguei a São Francisco, trinta anos após a fundação do COYOTE, e me instalei em um apartamento logo atrás da prefeitura, Margo St. James já tinha deixado o país para ir à Europa, e depois para a parte rural do estado de Washington. Seu nome era uma presença contínua nos círculos pelos direitos das profissionais do sexo, incluindo no nome de uma clínica – a Enfermaria St. James – que foi fundada em sua homenagem. Me mudei para São Francisco em 2003 porque era lá que estava o movimento. Na verdade, era onde estavam todos os movimentos: sem os movimentos estudantil, negro, de mulheres e gay, não consigo imaginar que São Francisco teria dado à luz o movimento pelos direitos das prostitutas, em um barco atracado em Sausalito, onde Margo morava.

Mas, antes de Margo St. James, tínhamos Sylvia Rivera, conhecida pela sua atuação na rebelião de Stonewall Inn. No mesmo ano em que Margo formou o *COYOTE*, Sylvia intervinha em uma das primeiras celebrações do Gay Freedom Day, em Washington Square Park. Você mesmo pode vê-la, em um filme descoberto e publicado *online* pela ativista transgênera Reina Gossett. "Abaixa o volume, galera!", ela grita, sua voz, mesmo quando amplificada, era difícil de ser ouvida por cima das vaias. "Eu tô tentando subir aqui o dia todo por todos os seus irmãos e irmãs gays que estão presos". Hoje em dia, quase um terço de pessoas transgêneras nos Estados Unidos já foram presas em algum momento de suas vidas. "A maioria dessas pessoas não estão na prisão por causa de crimes violentos", diz a ativista e autora transgênera Janet Mock, "é por trabalhar para sobreviver". Ou seja: pelo crime de se recusar a viver na miséria, por fazer programa ou trocar sexo. Quantas pessoas poderíamos poupar da prisão, eu gostaria de saber, se simplesmente parássemos de prender pessoas por vender sexo?

Foi assim que aconteceu, depois de lutar contra a polícia em Stonewall e colocar a liberação gay no mapa nacional, Sylvia Rivera teve que lutar para poder falar no aniversário da rebelião. Lésbicas radicais do movimento gay denunciam mulheres trans como Rivera como "impostores femininos", acusando-as de lucrar em cima da opressão das mulheres. "A comunidade transgênera foi calada por causa da lésbica radical Jean O'Leary", Sylvia Rivera lembrou, "que achava que a comunidade transgênera era ofensiva para as mulheres porque nós gostamos de passar maquiagem e de usar minissaia. Dá licença! É parte do negócio que estávamos fazendo na época! Não gostamos, não. Não queremos estar na rua chupando pau ou tomando no cu. Mas era nossa única alternativa para sobreviver, porque as leis não nos dão o direito de ir e achar um emprego do jeito que nos sentimos bem. Eu não quero ir trabalhar parecendo um homem quando eu sei que eu não sou um homem".

Foi Sylvia que defendeu as mulheres trans e travestis e jovens *queer* que acabaram na prisão por fazer programa para sobreviver. Rivera também trabalhava na profissão do sexo, para cuidar de si mesma e para arrecadar dinheiro para organizar o projeto e o abrigo que ela iniciou com Marsha P. Johnson chamado Street Transvestite Action Revolutionaries [Ação Revolucionária Travesti de Rua] (STAR), a primeira organização trans nos Estados Unidos. Elas eram assediadas pela polícia até quando não estavam fazendo programa, só por estarem visíveis. As operações da polícia nos bares como o Stonewall foram tachadas de "batidas antivícios" pela imprensa, quando as leis contra travestis ou dois homens ou duas mulheres dançando caíram sob aquela rubrica. A polícia reforçou o seu *status* de forasteiras e, assim como acontece com todo grupo de forasteiros, o fizeram perseguindo as pessoas que já consideravam mais suspeitas.

Em uma noite quente em junho de 2011, quando o casamento homoafetivo foi legalizado no estado de Nova York, devia ser difícil imaginar a polícia irrompendo na festa gigante que rolava no Stonewall em Greenwich Village e nas ruas ao redor. Mas, algumas quadras para o norte, o prédio que é o lar do projeto de direitos comunitários intitulado Sylvia Rivera estava sendo monitorado pela polícia, que parava pessoas jovens *queer* e trans não brancas que estavam indo e vindo, pedindo que lhes dessem o nome das mulheres trans jovens em fotos impressas.

Lembrando os anos logo antes de Stonewall, e não muito antes dos direitos das prostitutas se tornarem uma questão nacional também, a autora e ativista Amber Hollibaugh escreve em sua coletânea de ensaios *My Dangerous Desires* [Meus desejos perigosos]:

> Eu era uma das organizadoras do Sindicato Americano de Trabalhadores Rurais. Eu era de duas comunas, ajudei homens desesperados a atravessar a fronteira para o Canadá e fugir da guerra do Vietnã, fui em atos protestando contra a guerra do Vietnã em cidades do país todo, me plantei na frente dos escritórios dos Panteras Negras à noite para impedir a polícia de abrir fogo e ganhei minha primeira máscara de gás aos dezoito anos para usar nas rebeliões de rua que eu participava regularmente. E aí, de madrugada, eu fazia programa. A prostituição possibilitou

> que eu tivesse uma existência que a maioria dos radicais da classe média e classe alta presumiam que era deles por direito.

Amber Hollibaugh, Sylvia Rivera e Marsha P. Johnson não estão sozinhas na fundação do movimento da profissão do sexo. Lembro, também, das pessoas que conheci no movimento pelos direitos das profissionais do sexo em São Francisco, trinta anos após a formação do COYOTE; elas atuavam na indústria para sustentar seu trabalho de ativista não remunerado. Aquelas que criaram a base para o movimento nos anos 1980 e 1990 já estavam, nessa altura, mais ou menos aposentadas da profissão do sexo. Elas não inventaram o jeito que a nova geração chegou, os bebês da era Reagan e as crianças da era Clinton, nós começamos na indústria igual à primeira onda chique de profissionais do sexo chegou na terceira onda do feminismo. Nossa geração não conhece um mundo antes da AIDS e tem apenas vagas memórias da indústria do sexo antes da internet. Não tivemos a revolução sexual, tivemos décadas de pânico sexual.

E não dependemos inteiramente da internet para nos politizarmos. Foi o meu ativismo da AIDS do meio até o fim da década de 1990 que me apresentou às políticas *queer* e de direitos das profissionais do sexo – uma grande mistura. Em uma primavera, marchamos pelas ruas de Boston clamando pelos direitos da juventude *queer*; na primavera seguinte, antes do começo oficial da Parada do Orgulho da Juventude, as únicas outras mulheres *queers* do colégio, que estavam andando com as Lesbian Avengers [Lésbicas Vingadoras], me levaram a um ato não aprovado pela prefeitura em uma seção vazia da Avenida Massachusetts, um ato para lembrar e homenagear as mulheres trans e travestis que foram mortas por trabalhar como profissionais do sexo. A polícia não fez nada. Talvez tenha sido isso que nos uniu, esses movimentos: acabamos nos juntando, cada uma de sua maneira, contra a inevitabilidade presumida de nossas mortes precoces.

Então, nunca fomos um único movimento, mesmo se juntas nós tivéssemos – em livros como *Whores and Other Feminists* e documentários como *Live Nude Girls Unite!* [Meninas nuas ao vivo uni-vos!] – começado a contar sua história.

Uma ou duas semanas depois de me mudar para o apartamento atrás da prefeitura de São Francisco, fiquei sabendo de uma prisão, do outro lado da baía em Berkeley, de uma mulher chamada Shannon Williams, que estava trabalhando em um apartamento que foi invadido por uma dúzia de policiais usando equipamento tático, com armas em punho, tudo para acusá-la com a 647b, a lei criminal do estado da Califórnia que proíbe a contratação dos serviços de prostitutas. Fiz uma das minhas primeiras amigas em São Francisco pela internet, e ela era profissional do sexo e massoterapeuta. Ela era voluntária na Enfermaria St. James, fazendo massagens de graça como parte da clínica de segurança ocupacional que acontecia toda quarta-feira. A enfermaria não oferecia só exames de HIV e camisinhas, mas também atenção primária à saúde e cuidados médicos holísticos, tudo de graça. M. e eu estávamos no seu apartamento em Oakland e ela estava me contando sobre o protesto que um novo grupo estava organizando. Shannon Williams tinha sido presa usando *lingerie* de estampa de oncinha, e a polícia não deixou que ela se vestisse antes de a algemarem e levarem até o carro da polícia, então as manifestantes deveriam usar estampa de oncinha enquanto estivessem do lado de fora do tribunal. O grupo se tornou o Sex Workers Outreach Project – USA [Projeto de Visibilização das Trabalhadoras Sexuais dos Estados Unidos]. A prisão de Williams lançou uma nova onda de ativismo pelos direitos das profissionais do sexo no país.

O grupo se reuniu em São Francisco mais uma vez em dezembro de 2003, no gramado na frente da escadaria da prefeitura, para fazer uma vigília para as 48 vítimas de violência. Depois de vinte anos, um homem branco casado de meia idade finalmente confessou os assassinatos dessas mulheres no noroeste pacífico. Gary Leon Ridgway, o Assassino do Rio Verde, disse:

> Escolhi prostitutas para serem minhas vítimas porque eu odeio a maioria delas e não queria ter que pagar para transar com elas. Eu as escolhi também porque era fácil pegá-las sem ser percebido. Eu sabia que elas não seriam classificadas como desaparecidas imediatamente, talvez nunca seriam. Escolhi prostitutas porque achei que poderia matar tantas quanto eu quisesse sem ser pego.

Ele contou à polícia:

> Achei que estava ajudando vocês, matando prostitutas. Vocês não conseguem controlalá-las, mas eu consigo.

Annie Sprinkle, artista, ex-prostituta e atriz pornô e uma das primeiras ativistas profissionais do sexo da primeira onda nos anos 1970 e 1980, sugeriu que uma vigília fosse feita. As profissionais do sexo precisavam de uma maneira de lembrar as mortes de suas colegas e se levantar contra a cultura de negligência catastrófica e absurda que as torna mais vulneráveis à violência, e de protestar contra os policiais que fechavam os olhos o tempo todo, exceto para prendê-las. Grupos de mulheres sempre protestavam contra estupros e violência, como nas manifestações que passavam nos distritos da luz vermelha de São Francisco, a que Carol Leigh reagiu 25 anos antes, quando criou a expressão "profissão do sexo". Agora era nossa vez. O grupo Sex Workers Outreach Project – USA [Projeto de Divulgação de Profissionais do Sexo] (SWOP-USA) se reuniu para apoiar a professora de Berkeley que foi presa de *lingerie* de oncinha e continuou com sua vigília, criando o Dia Anual contra a Violência contra Profissionais do Sexo. Não era um relacionamento simples de estabelecer com os grupos de mulheres que raramente nos apoiavam publicamente. Um grupo feminista antiprostituição tentou, sem sucesso, interromper a vigília no seu segundo ano. No seu sexto ano, após a fundadora do grupo antiprostituição falecer de câncer, lembramos dela também na nossa vigília. E depois de dez anos de vigília, depois da cofundadora do SWOP-USA, Robyn Few, falecer de câncer, já havia dezenas de vigílias no mundo todo, reconhecendo-a e também a sua luta.

Não pode ser sempre morte e perda, mesmo que de vez em quando a alegria no movimento – o karaokê, PVC, estampa de oncinha e tudo mais – faça as profissionais do sexo parecerem inaptas para a política "de verdade". Quem mais usaria um *show* de moda com o tema "garota de programa chique" para protestar contra uma política estadunidense que restringe ajuda comunitária a grupos que não são contra prostituição? Foi exatamente isso que as profissionais do sexo brasileiras da organização Daspu pediram, que as colegas de profissão as ajudassem a fazer no palco da conferência internacional da AIDS na Cidade do México em 2008. Membros da Daspu fizeram *makeovers* nos desfiles para membros do SWOP-USA, e, em frente ao público de pessoas da ONU e de organizações pelos direitos humanos internacionais, vestiram botas, meia-arrastão e maquiagem pesada para contar suas histórias: de que os grupos tinham sido forçados pelos Estados Unidos a assinarem promessas de lealdade e declarar sua oposição à prostituição para que mantivessem seus financiamentos de combate à AIDS. Em vez de desistir das profissionais do sexo, o país inteiro se recusou a assinar a promessa e desistiu de 40 milhões de dólares.

Numa outra noite fria de dezembro, quase dez anos depois da criação do SWOP, nos reunimos mais uma vez, mas dessa vez iluminadas pelas luzes do palco, e não por velas, nos organizando, e não em luto. Membros do SWOP-NYC estavam arrecadando dinheiro para subsidiar o PERSIST, um projeto de saúde para pessoas envolvidas na indústria do sexo. O PERSIST foi inspirado pela Enfermaria St. James, e reuniu mais de cem pessoas, abarrotadas em uma sala quente, com suas *drags*, para dar lances nas camisetas e palmatórias leiloadas. Nós aplaudimos performance atrás de performance, ficamos de olhos marejados quando as organizadoras subiram no palco para nos agradecer, e então voltamos a dançar e socializar, uma mistura geracional, com algumas da época do Stonewall Inn.

Pouco tempo depois do evento no Stonewall, eu entrevistei uma das co-fundadoras do projeto, Sarah Elspeth Patterson, para um artigo sobre a espera do lançamento do projeto. Dez anos depois da fundação do SWOP, e quarenta depois do *COYOTE* e do STAR, o movimento estava começando a se parecer com suas raízes. Eu encontrava ativistas da profissão do sexo nas ruas do Lower Manhattan quando estava fazendo reportagens sobre o Occupy Wall Street, participando do ato, mas também oferecendo minha *expertise* sobre remédios da rua, redução de danos, apoio para pessoas presas, tudo que as profissionais do sexo aprenderam para se protegerem fora da lei.

Em uma reunião da comunidade naquele inverno, na igreja Riverside, perto do Harlem, para falar da política *stop-and-frisk*[7] do departamento da polícia de Nova York, um grupo de mulheres trans, todas latinas, subiram no palco, uma a uma, para descrever em espanhol como foram alvos da polícia, que as paravam na rua quando estavam voltando para casa do metro ou quando paravam para comprar um café (e um caso em que uma mulher perguntou por que estava sendo parada, e o policial jogou o café na sua cara). Elas explicaram que eram

---

[7] N. da E.: em tradução livre "pare, pergunte e reviste", ou "pare e reviste". É um programa da cidade de Nova York, uma prática do Departamento de Polícia para deter temporariamente, questionar e revistar civis e suspeitos nas ruas em busca de armas e outros contrabandos. O programa é, por razões óbvias, muito criticado devido ao recorte específico das pessoas abordadas, em sua maioria negras e não brancas.

identificadas como profissionais do sexo, estivessem elas trabalhando ou não, tinham suas camisinhas e bolsas usadas como provas de sua intenção de trabalhar na indústria do sexo.

Quando a conferência internacional da AIDS finalmente voltou para os Estados Unidos no verão de 2012, após o fim da proibição de pessoas soropositivas entrarem no país, a proibição para profissionais do sexo e usuários de drogas permanecia. Dois dos grupos mais ameaçados foram excluídos da conferência, a maior do mundo para tratar sobre AIDS, criar objetivos de políticas e financiamentos. Nas ruas de Washington, algumas dezenas de profissionais do sexo estadunidenses protestaram, a maior marcha que já havia acontecido contra a criminalização da AIDS. Algo no movimento estava voltando: o reconhecimento de que, por mais destrutivas que fossem as leis que têm como alvo a prostituição, elas são aplicadas de maneira desigual e afetam muito mais do que só as profissionais do sexo.

> Uma coisa que eu quero que todos entendam é que quando a galera grita sobre como a profissão do sexo é empoderadora, eles estão reagindo diretamente à putafobia. Não significa que nosso trabalho tenha mais a ver com sexo do que com economia. Significa que não tem espaço para uma relação complicada com o trabalho ou qualquer outro paradigma. A profissão do sexo pode ser empoderadora. Mas não é essa a ideia. A ideia é fazer dinheiro, porra.
>
> Kitty Carr

O movimento que havia sido criado, por algumas razões, nos princípios da liberação sexual, e que foi jogado contra as feministas, estava agora se concentrando não só no porquê da proibição do sexo, mas também no porquê do sexo ser usado como veículo para tornar as pessoas criminosas. Não é só um movimento para reivindicar o valor do sexo, apesar de tratar disso também e de como o sentido e alegria da vida se perderiam sem ele, mas é um movimento para rejeitar os sistemas que usam sexo para classificar pessoas como menos valiosas.

Parte disso foi feito ao colocar menos ênfase na profissão do sexo como mote sob o qual o movimento se organiza. Quando cofundou o PERSIST, Sarah Elspeth Patterson me contou que foi importante *não* descrever as pessoas que o operam e a comunidade a que ele serve como profissionais do sexo, não por conta de vergonha ou estigma, mas para atender todas as pessoas envolvidas de sua própria maneira na indústria do sexo e que não usam a expressão para descreverem a si mesmas. Pode até parecer repúdio de um elemento fundamental do trabalho do movimento da profissional do sexo, mas tem a mesma origem da expressão profissional do sexo: o poder de dar nome a si mesmo.

"Profissional do sexo", apontou Patterson, não é uma expressão que muitas profissionais usam enquanto estão trabalhando. Elas não se vendem assim: elas são acompanhantes, ou michês, ou massagistas, ou artistas pornô, ou dominatrixes, ou submissas, ou apenas garotas de programa. As profissionais do sexo usam a expressão em sua organização, no seu trabalho político. Mas elas construíram uma identidade de classe como trabalhadoras que elas não podem usar no trabalho.

Há uma função crítica da identidade de profissional do sexo: ela dá forma à demanda de que profissionais do sexo são tão definidas por seu trabalho quanto por sua sexualidade; ela deserotiza a percepção pública da profissional, não apesar do sexo, mas para forçar o reconhecimento das profissionais do sexo fora da transação sexual.

Nosso trabalho político ainda é visto como sexo, como se não pudéssemos falar sem produzir pornografia. Eu penso nos homens que assistem às minhas palestras públicas, que me encurralam com perguntas pessoais sobre meu "trabalho de verdade" depois de uma leitura ou uma palestra sobre minhas reportagens e pesquisas. Eu penso na pasta de e-mails de repórteres, acadêmicos, cineastas e ativistas que pedem que eu os apresente a profissionais do sexo para que elas possam contar suas histórias, ou organizá-las, sem entender que elas – nós – também somos repórteres, acadêmicas, cineastas e ativistas e que o estamos fazendo nós mesmas. Depois de falar repetidamente para uma pessoa que eu não ia encontrá-lo para discutir sua "pesquisa", ele então me convidou para um drinque, sem perceber que, se ele quiser esse tipo de interação com uma profissional do sexo, ele poderia só contratar alguém que estivesse trabalhando de fato.

Tem que haver um jeito de acolher a identidade da profissional sem que as pessoas esperem que nós realizemos a fantasia sexual de outra pessoa, quer elas venham vestidas de carcereiro, quer de companheiro. Mas, ao mesmo tempo, nossas políticas não podem negar o corpo só porque alguém tem um complexo com isso.

Solidariedade de puta

Não sei se teremos um dia uma quantidade de pessoas que já trabalharam na profissão que queiram reivindicar a palavra *puta* – como alguns fizeram com a palavra *queer* – mas existe um grupo que o faz, vocalmente, e na maioria das vezes, eu me junto a ele. Digamos que nós reivindicamos a palavra pelas mesmas razões que algumas de nós nos chamamos de sapatão (mesmo se e quando nós fodemos com homens por dinheiro): para drenar um pouco do ódio instilado na palavra, para tomar um pouco mais de espaço para nós mesmas no mundo e o fazer sem vergonha, para resistir a todas as vezes e maneiras que fomos rotuladas por pessoas que não são como nós. A reivindicação, como essas coisas sempre são, será desigual. Pessoas da nossa comunidade podem achar que é uma ideia ruim ou que seja ruim para nós, e algumas de nós o farão mesmo assim. Não sei se usar a palavra puta para se descrever afeta qualquer outra pessoa. Só afirmar que me chamar de puta não reduz o valor de qualquer pessoa por qualquer coisa que esteja acontecendo entre minhas pernas, e o que quer que seja que eu tenha a dizer sobre isso, já demonstra exatamente por que é importante retomar a palavra *puta*.

Talvez seja tarde demais para isso. Talvez, nas primeiras décadas do século XXI, não possamos mais fazer atos políticos para retomar rótulos estigmatizados quando devíamos ter deixado coisas do tipo na poeira dos anos 1990, junto com a flanela, as meias arrastão e Foucault. Mas como o editor da revista *Jacobin,* Peter Frase, colocou em seu ensaio "An Imagined Community" [Uma comunidade imaginada], "toda política é política de identidade", e além disso, "como sujeitos irônicos e pós-modernos, não conseguiremos evitar o confronto da artificialidade de nossas identidades".

Então a palavra *puta* não é algo a ser totalmente abandonado, como essas modas ou argumentos, à forma de *drag* político. Ao falar sobre isso, estamos inserindo-a na história, junto com nós mesmas. "Apropriar-se do passado sem críticas", conclui Frase, "seria excluir todos aqueles que um dia foram excluídos". Reunir todas as marcas de quem somos – de onde viemos, como trabalhamos, com quem transamos – é como produzimos a possibilidade de solidariedade, não importa qual nome dermos.

Tento imaginar como seria a solidariedade com as putas.

Enquanto existirem mulheres que são chamadas de putas, existirão mulheres treinadas para acreditar que ser uma ou ser confundida com uma é tão ruim quanto morrer. E enquanto isso acontecer, os homens sentirão que podem matar putas sem consequências. O medo da puta, ou de ser uma puta, é o motor que impulsiona a coisa toda. O motor poderia ser chamado de "misoginia", mas até essa palavra deixa algo de fora: a barateza da puta, o quão fácil é descartá-la não só por causa de seu gênero, mas por causa de sua raça, sua classe. Talvez puta seja a ofensa interseccional original.

Criar uma classe em volta disso nos leva para longe da nossa percepção da puta como alguém em perigo, principalmente por conta do patriarcado, para encontrar alguém cujo corpo é atravessado por vários eixos de preconceito e violência – a opressão e exploração não estão nas mãos abstratas dos homens, mas nas instituições específicas que os sustentam.

Algumas linhas são mais legíveis que outras; algumas criam fronteiras – mulher branca, mulher branca de sucesso – para a qual outras apostam toda a sua política para manter. Mas para aquelas de nós que vivemos na intersecção, nós resistimos a ser definidas só por essas fronteiras, mesmo que sejamos vistas através delas.

É assim que poderíamos reimaginar a puta como uma classe. Porque não são só as leis antiprostituição que fazem o ato de vender sexo ser ilegal; são as leis antiprostituição que são usadas para atacar uma classe de pessoas como putas, mesmo nas esferas de duas vidas que não estejam relacionadas ao trabalho, quer estejam vendendo sexo ou não.

Para reconhecer tudo isso, é justo dizer que existem vários movimentos de profissionais do sexo. O movimento pelos direitos das profissionais do sexo tem seu próprio caráter, história e trajetória. Mas muitas profissionais do sexo estão presentes em movimentos que não são especificamente das profissionais do sexo: os movimentos trans e queer, de mulheres não brancas radicais, organizações de redução de danos, nos movimentos pela abolição da prisão. Nos movimentos pela assistência das mulheres. Nos movimentos de imigrantes. Nos movimentos dos trabalhadores. Só precisamos saber onde procurar.

E nos movimentos feministas. Por mais que algumas feministas se esforcem muito para excluir as profissionais do sexo, são as profissionais do sexo feministas que continuam me atraindo para o feminismo.

Existem duas linhas de ativismo dentro do movimento pelos direitos das profissionais do sexo que são distintas, mas que se sobrepõem. Uma se preocupa em mudar as condições da indústria do sexo em si. Suas campanhas internas se concentram em melhorar as condições de trabalho e de direitos dos trabalhadores. Suas campanhas externas têm como alvo as instituições que afetam as profissionais do sexo – a polícia e prestadores de serviço de saúde estão no topo da lista. A outra linha se preocupa, primariamente, em mudar as condições fora da indústria para impactar as vidas das pessoas que fazem e que faziam parte da indústria, ou pessoas que são tachadas como profissionais do sexo. A primeira linha, que é mais vocalmente identificada com os direitos das profissionais do sexo, tem seu argumento focado na descriminalização na política e em construir o poder político de profissionais do sexo para controlar as condições de seu trabalho. A segunda linha, que pode não se identificar abertamente com o movimento pelos direitos das profissionais do sexo, tem o argumento focado no fim da criminalização como é vivenciada pela vida diária da comunidade, e em construir a habilidade de profissionais do sexo, atuais ou não, individual e coletivamente, para definir suas próprias vidas. Essas linhas do movimento convergem e divergem, mas seu propósito comum é dar valor e acreditar nas experiências das pessoas que vendem sexo, insistindo que não é a profissão que nos degrada, e sim as pessoas que usam nossas experiências para justificar nossa degradação.

Fora dos Estados Unidos, onde alguns movimentos de profissionais do sexo emergiram e se alinharam muito mais com os direitos humanos, trabalhistas e de saúde do que movimentos feministas, essas linhas podem ser bem diferentes. Até certo ponto, a necessidade criou um movimento interseccional, que oferece o potencial de muitas conexões: dos direitos de imigrantes até organizações de trabalhadores informais e excluídos. Na medida em que as profissionais do sexo encontram lugares seguros para atuar em outros movimentos, essas conexões devem ser incentivadas para ser algo poderoso. E na medida em que o estigma e a criminalização são assustadores, as profissionais do sexo se ocuparão mais em lutar para sobreviver sozinhas do que para encontrar solidariedade.

Solidariedade, não apoio. É isso que está ausente até mesmo no "apoio" bem-intencionado dado às profissionais do sexo: a disposição para dirigir o apoio àquelas pessoas que têm o poder para fazer qualquer mudança nas condições das vidas das profissionais do sexo.

É aqui que nós perdemos: conversas circulares intermináveis sobre como a profissão do sexo faz você se sentir (se você não se envolveu na indústria), que servem só para fingir que estão agindo. Seus sentimentos sobre a profissão do sexo não fazem tanta diferença para a polícia que trabalha à noite. Ouse mais e procure olhar mais de perto. E se você tem seus sentimentos, leve-os para pessoas que os escutarão: associações de bairros, clínicas de saúde, sindicatos, abrigos para vítimas de abusos domésticos, organizações queer e de mulheres, seu grupo de amigos, quem quer que seja. Em vez de focar nos comportamentos das profissionais do sexo, externalize suas questões. O que essas pessoas estão fazendo que pode prejudicar as profissionais do sexo? Por que não ajudá-las, em vez de pedir que mudem seu comportamento?

Tão suspeito quanto falar demais sobre seus sentimentos é o impulso daqueles que nunca realizaram trabalho sexual de oferecer seus próprios padrões para regular a profissão. Para pessoas que nem mesmo pensam sobre tirar as roupas por dinheiro, elas têm muitas ideias sobre como os outros devem fazê-lo. Antes de qualquer proposta de regulamentação da profissão do sexo, é preciso reconhecer que, sob a criminalização, a profissão do sexo *é* regulamentada – pelos sistemas criminal e legal, pela polícia. Até mesmo para profissionais do sexo que trabalham independentemente, sem qualquer tipo de gerência, a polícia *é* a gerência.

O primeiro passo para falar sobre padrões importantes para a profissão do sexo é dar espaço para as profissionais liderarem o processo. Isso não vai acontecer enquanto a polícia estiver na cola delas.

Igualmente, essas profissionais não querem que outras pessoas, mesmo que bem-intencionadas, se apressem para ser nossos novos chefes. As profissionais do sexo estão acostumadas a ser excluídas do desenvolvimento de políticas que dominam suas vidas. Aqui estão algumas das frases que eu ouvi com mais frequência, em todos os cantos políticos, que continuam a não entender nada.

❧ *Se fosse legal, poderíamos cobrar impostos.* [Afirmação que ignora que as profissionais já pagam impostos de renda e sobre o que consomem].

❧ *Se fosse legal, poderíamos examiná-las.* [Ninguém pensa que as profissionais do sexo já têm interesse em manter sua saúde sexual, e que o índice de doenças venéreas e HIV entre profissionais do sexo tem mais a ver com sua habilidade de negociar sexo com proteção (que é, em si, restringida pela criminalização) do que com a quantidade de parceiros sexuais que elas tiveram. Ou que a comunidade de saúde global considera que exames de HIV obrigatórios fazem com que pessoas evitem profissionais da saúde, aumentando seu risco. E que, pelos padrões estabelecidos pela UNAIDS e a pela Organização Internacional do Trabalho, forçar alguém – não importa sua ocupação – a ser testado, é uma violação de direitos humanos].

Se fosse legal, poderíamos registrá-las. Talvez você espere esses protocolos de outros negócios, mas nós, como uma cultura, ainda não temos a dignidade de classificar a profissão do sexo como qualquer outro negócio. Registros forçados são o mesmo que o policiamento que já acontece com outro nome. Aquelas que se recusam a serem registradas formarão uma nova comunidade *underground*.

Nenhuma dessas propostas – mesmo que não fossem tão bobas – poderiam ser feitas por mim. Não é o meu trabalho, e, além disso, não sei se estamos prontas para isso se não conseguimos responder uma pergunta: como essas propostas ajudam as profissionais do sexo?

Aqui está a minha proposta, que já estava demorando: se a profissão do sexo não fosse criminosa, as profissionais do sexo poderiam fazer muito mais por elas mesmas e umas pelas outras. Mas por que esperar?

Não existe razão nenhuma para esperar que essas atitudes mudem, que desapareça o estigma da puta, que se crie espaço para um outro jeito, seja emendando a lei, que acabe com o *status* das profissionais do sexo como clandestinas ou alguma outra coisa que ainda não foi imaginada. Esperar que todos aqueles que gastam seu tempo obcecados por nós – pelas prostitutas de suas fantasias – mudem e aceitem a profissão do sexo como profissão e as profissionais como agentes de suas próprias vidas antes de podermos tomar as rédeas? Eles não vão mudar. É com a nossa exigência, e nossa imaginação, que nós vamos mudar.

Agradecimentos

Quero agradecer à equipe editorial excelente da Verso, que ajudou a formar o livro, especialmente Audrea Lim e Angelica Sgouros. À equipe da *Jacobin* e seu editor Bhaskar Sunkara, obrigada por fazer deste livro parte de sua série de livros inaugural.

Para todos aqueles que me acolheram em São Francisco, onde este livro teve seu início dez anos atrás: Gina de Vries, Naomi Akers, Sadie Lune, Stacey Swimme, Sarah Dopp, obrigada. Agradeço a meus amigos na Exotic Dancers' Union, minha família no St. James Infirmary. Para Carol Leigh, por sua imaginação e seu comprometimento, por emprestar uma parte da história nos arquivos do COYOTE, obrigada.

Aos meus colegas dedicados na Third Wave Foundation, que se recusaram a dar para trás dos direitos e liberdade das profissionais do sexo, obrigada e obrigada por me apresentar ao trabalho das muitas ativistas incríveis que me inspiram todo dia.

Às autoras, organizadoras, camaradas da madrugada e lendas da profissão do sexo – Audacia Ray, Charlotte Shane, Susan Elizabeth Shepard, Darby Hickey, todo mundo do #sexworktwitter que não tive ainda a honra de conhecer –, obrigada por me incentivar e apoiar.

Obrigada, Caty Simon, por mais de uma década de amizade e pensamento ágil que moldou isso desde o começo.

Agradecimentos da mais alta ordem, e uísque também, às minhas amigas ferozes e primeiras leitoras, Sarah Jaffe e Joanne McNeil.

Com amor, obrigada, Tommy Moore, pelo seu incentivo sem fim, pelo bolo, pelo lar que acolheu isso e por concordar que a epígrafe do Nick Cave, sobre a qual eu estava na dúvida, ficaria melhor só entre nós.

Leituras adicionais

Encyclopedia of Prostitution and Sex Work. Melissa Hope Ditmore. Greenwood Publishing Group: 2006.

Global Sex Workers: Rights, Resistance, and Redefinition. Kamala Kempadoo, Jo Doezema. Routledge: 1998.

Flesh for Fantasy. Producing and Consuming Exotic Dance. R. Danielle Egan, Katherine Frank, Merri Lisa Johnson. Seal Press: 2005.

Indecent: How I Fake It and Make It As A Girl For Hire. Sarah Katherine Lewis. Seal Press: 2006.

The Last of the Live Nude Girls: A Memoir. Sheila McClear. Soft Skull Press: 2011.

The Little Black Book of Griselidis Real: Days and Nights of an Anarchist Whore. Jean-Luc Henning; Ariana Reines. Semiotext(e): 2009.

Live Sex Acts: Women Performing Erotic Labor. Wendy Chapkis. Routledge: 1996.

The Lost Sisterhood: Prostitution in America 1900-1918. Ruth Rosen. Johns Hopkins University Press: 1983.

My Dangerous Desires: A Queer Girl Dreaming Her Way Home. Amber L. Hollibaugh. Duke University Press: 2000.

Naked on the Internet: Hookups, Downloads, and Cashing in on Internet Sexploration. Audacia Ray. Seal Press: 2007.

Policing Pleasure: Sex Work, Policy, and the State in Global Perspective. Susan Dewey, Patty Kelly. New York University Press: 2011

Queer Injustice: The Criminalization of LGBT People in the United States. Joey L. Mogul, Andrea J. Ritchie, Kay Whitlock. Beacon Press: 2011.

Race, Sex, and Class: The Perspective o f Winning, A Selection of Writings 1952-2011. Selma James. PM Press: 2012.

Real Live Nude Girl: Chronicles of Sex-Positive Culture. Carol Queen. Cleis Press: 1997.

Reading, Writing, and Rewriting the Prostitute Body. Shannon Bell. Indiana University Press: 1994.

Rent Girl. Michelle Tea and Laurenn McCubbin. Last Gasp: 2004.

Prose and Lore: Memoir Stories About Sex Work, volumes 1 e 3. Audacia Ray. Red Umbrella Project).

Sex at the Margins: Migration, Labour Markets and the Rescue Industry. Laura Maria Agustin. Zed Books: 2007.

Sex Slaves and Discourse Masters: The Construction of Trafficking. Jo Doezema. Zed Books: 2010.

Sex Work: Writings by Women in the Sex Industry. Frederique Delacoste, Priscilla Alexander. Cleis Press: 1998.

Sex Work Matters: Exploring Money, Power, and Intimacy in the Sex Industry. Melissa Hope Ditmore, Antonia Levy, Alys Willman. Zed Books: 2010.

Sex Workers Unite: A History o f the Movement from Stonewall to Slut Walk. Melinda Chateauvert. Beacon Press: 2014.

The State of Sex: Tourism, Sex and Sin in the New American Heartland. Barbara G. Brents, Crystal A. Jackson, and Kathryn Hausbeck. Routledge: 2009.

"State Violence, Sex Trade, and the Failure of Anti-Trafficking Policies". Emi Koyama. <eminism.org, 2013>.

Strip City: A Stripper's Farewell Journey Across America. Lily Burana. Miramax: 2003.

St. James Infirmary: Occupational Health and Safety Handbook. (stjamesinfirmary.org, 2010).

Temporarily Yours: Intimacy, Authenticity, and the Commerce of Sex. Elizabeth Bernstein. University of Chicago Press: 2010.

"A Theory of Violence: In Honor of Kasandra, CeCe, Savita, and Anonymous". Eesha Pandit. Crunk Feminist Collective, 4 de janeiro, 2013.

Unrepentant Whore: The Collected Works o f Scarlot Harlot. Carol Leigh. Last Gasp Books: 2004.

Whores and Other Feminists. Jill Nagle. Routledge: 1997.

Working Sex: Sex Workers Write About a Changing Industry. Annie Oakley. Seal Press: 2008.

Este livro foi composto em Adobe Garamond Pro e
Futura em papel Avena 80mg